互联网背景下学校课程改革的实践效果研究

赵红梅　著

中国商务出版社
CHINA COMMERCE AND TRADE PRESS

图书在版编目（CIP）数据

　　互联网背景下学校课程改革的实践效果研究／赵红梅著．— 北京 ：中国商
务出版社，2021.11（2023.1重印）
　　ISBN 978-7-5103-4141-0

　　Ⅰ．①互… Ⅱ．①赵… Ⅲ．①高等学校－课程改革－研究 Ⅳ．① G642.0

　　中国版本图书馆 CIP 数据核字（2021）第 236968 号

互联网背景下学校课程改革的实践效果研究
HULIANWANG BEIJING XIA XUEXIAO KECHENG GAIGE DE
SHIJIAN XIAOGUO YANJIU
赵红梅　著

出版发行：中国商务出版社
社　　址：北京市东城区安定门外大街东后巷 28 号　　邮政编码：100710
网　　址：http://www.cctpress.com
电　　话：010-64212247（总编室）　　010-64241423 （事业部）
　　　　　010-64208388（发行部）
责任编辑：杨　云
印　　刷：三河市明华印务有限公司
开　　本：787 毫米 ×1092 毫米　1/16
印　　张：16.5
版　　次：2021 年 12 月第 1 版　　印　　次：2023 年 1 月第 2 次印刷
字　　数：247 千字　　　　　　　　定　　价：80.00 元

内容提要

互联网技术与人们工作生活的各个方面紧密相关，它改变了人们的生活习惯、改变了对事物的认知方式、改变了人与人之间的交往方式以及学习方法，特别是在大脑的重塑、人类认知模式的变革方面更加凸显。

在互联网的背景下，高校的改革也是多方面多层次的，以期适应社会的发展变革。本书通过对国内研究现状的分析，发现课程改革是高校改革的第一步，课程改革包含课程目标改革、课程内容改革、课程组织改革、课程实施改革及课程评价改革。课程教学形式也分为纯网络教学、面授教学和混合式教学三种模式，课程内容讲授由原来的教师主导逐渐转变为由学生自主学习；学习内容也由传统的强调知识本身转变为知识的运用，特别是通过社会对问题的反思，从而对知识"构建新的理解"、"形成新的认知"。高校教师网络教学素养是否具备，学生网络学习能力是否具备以及学生网络学习行为与学习成绩之间的关系成为我们研究的重点；特别是在教学资历架构的大框架下，学分银行、资源库建设都成为教学改革的一部分。

在北京开放大学、河南安阳师范学院、贵州盛华职业学院从 2018 年到 2021 年分别做了两门课程的不同课程运行（纯网络、面授、混合式）模式的对比试验，通过数据分析及调查问卷得出要"提升高校学生的学习过程调控能力""提升高校教师在线教学设计与实施能力""开展持续性和全方位的在线学习监控与指导""开展高校教师在线教学能力的诊断性评估""培育师生自觉追求卓越的在线教与学的质量文化"。

前 言

随着计算机、互联网在我国的快速普及，知识获取与传播的途径发生改变，推动了教育领域的变革，在线教学已然成为高校师生传统教学方式的有效补充。以 2002 年教育部印发《关于推进教师教育信息化建设的意见》为起点，到《教育信息化十年发展规划（2011—2020 年）》《关于加强高等学校在线开放课程建设应用与管理的意见》《教育信息化 2.0 行动计划》等政策文件的连续出台，我国高校教师在线教学经历了将授课录像传至网站进行单向知识传递的 1.0 阶段和通过搭建互动交流平台进行线上辅导与学习效果跟踪的 2.0 阶段。这对于高校教师在线教学能力的要求也由单维度的制作视频课程上升到交互能力、组织能力等多个维度。此外，学生作为在线教学最直接的参与者与体验者，需及时提升在线学习的自我导向与自主学习能力，否则将难以适应教师监管相对薄弱的在线学习，陷入"在线不在学"的困境。

2020 年初，教育部印发的《关于在疫情防控期间做好普通高等学校在线教学组织与管理工作的指导意见》提出，"各高校应充分利用上线的慕课和省、校两级优质在线课程教学资源，在慕课平台和实验资源平台服务支持带动下，依托各级各类在线课程平台、校内网络学习空间等，积极开展线上授课和线上学习等在线教学活动"，以实现"停课不停教、停课不停学"。

为应对疫情，线上教学由补充选项转变为必须选项，为保障新学期教学任务的顺利完成，我国各高校纷纷开展了长周期、大规模的线上教学活动，这对于教师在线"教"的能力和学生在线"学"的能力均迎来了一次史无前例的大考验。这场应急式大考验暴露出教师在线教学能力与学生在线学习能力存在的诸多短板，从"线下教学"到"线上教学"的切换绝不仅仅是掌握技术工具的使用方法，而是对教师和学生提出了更加多元化的能力要求。在高校在线教学从"新鲜感"进入到"新常态"的背景下，如何确保在线教学与线下课堂教学质量实质等效，需进一步明确我国高校师生在线教与学的能力现状，并提出切实可行的改进策略意义重大。

本书是北京市教育科学十三五规划优先关注项目《互联网背景下学校课程改革的实践效果评价体系研究》编号：CEHA17065，是在互联网背景下学校课程改革的实践效果研究方面进行了积极有益的探索和尝试，也期望研究成果能够在高校课程改革中起到一定的作用。

本书在编写过程中得到北京开放大学、河南安阳师范学院、贵州盛华职业学院的支持，也得到相关专家和教授的具体指导，得到了项目团队成员姚行洲、闪茜、李鑫等的协助，在此一并表示诚挚的感谢。

书中存在的疏漏和不足之处恳请读者予以批评指正。

作者

2021 年 8 月于北京

目录

第一章　概论 ……………………………………………… 1

　1.1　研究意义 ………………………………………… 1

　1.2　核心概念界定 …………………………………… 5

　1.3　国内研究现状 …………………………………… 11

　1.4　国外研究现状 …………………………………… 12

第二章　课程改革的基本要素 …………………………… 15

　2.1　课程目标 ………………………………………… 15

　2.2　课程内容 ………………………………………… 18

　2.3　课程组织 ………………………………………… 20

　2.4　课程实施 ………………………………………… 22

　2.5　课程评价 ………………………………………… 23

第三章　课程教师团队结构 ……………………………… 26

　3.1　教师角色转变 …………………………………… 26

　3.2　网络教育课程教师 ……………………………… 28

　3.3　教师团队组成 …………………………………… 31

　3.4　课程建设团队 …………………………………… 33

　3.5　课程运行团队 …………………………………… 35

　3.6　教师团队督导 …………………………………… 37

第四章　课程资历架构 ……………………………………………… 39

4.1　资历架构的概念 ……………………………………………… 39

4.2　资历架构相关经验的借鉴 …………………………………… 40

4.3　资历架构体系通用指标——以北京开放大学电子商务专业为例 … 50

4.4　基于资历架构体系的课程建设 ……………………………… 55

4.5　能力单元对应——以互联网营销概论课程为例 …………… 65

4.6　学分银行机制 ………………………………………………… 79

4.7　资历架构、学分银行成果——以电子商务学院为例 ……… 83

第五章　网络教学资源库建设 ………………………………… 85

5.1　网络教学资源库建设的意义 ………………………………… 85

5.2　网络教学资源库建设的原则 ………………………………… 85

5.3　网络教学资源库建设结构模型 ……………………………… 87

5.4　课程资源库建设的质量控制流程 …………………………… 88

5.5　网络教学资源库建设——以电子商务学院为例 …………… 89

第六章　课程运行组织 ………………………………………… 95

6.1　纯网络课程运行机制——以《互联网营销概论》为例 …… 95

6.2　纯网络课程运行创新——以电子商务学院为例 ………… 105

6.3　面授课程运行——以《互联网营销概论》为例 ………… 113

6.4　混合式课程运行——以《互联网营销概论》为例 ……… 116

第七章　大学生网络学习能力调查研究报告 ……………… 133

7.1　大学生网络学习能力调查问卷设计 ……………………… 133

7.2　问卷的发放与回收 ………………………………………… 138

7.3　调查数据分析 ……………………………………………… 141

7.4　结论 ………………………………………………………… 160

第八章　高校教师网络教学素养调查研究报告 ·············· 163

8.1　高校教师网络教学素养调查问卷的设计 ·············· 163

8.2　问卷的发放与回收 ················ 170

8.3　问卷信效度分析 ················ 170

8.4　调查数据统计 ················ 173

8.5　结论 ················ 192

第九章　网络学习行为与学习成绩关系研究报告 ·············· 195

9.1　网络学习行为与学习成绩关系相关研究 ·············· 195

9.2　原始数据及其预处理 ················ 196

9.3　数据的进一步处理和学习行为变量选取 ·············· 208

9.4　描述性统计 ················ 210

9.5　相关分析 ················ 212

9.6　差异分析 ················ 214

9.7　回归分析 ················ 221

9.8　主要结论 ················ 229

第十章　反思 ················ 232

参考文献 ················ 235

附录1　大学生网络学习能力问卷 ················ 240

附录2　高校教师网络教学素养问卷 ················ 244

附录3　北京开放大学简介 ················ 249

附录4　河南安阳师范学院互联网＋应用技术学院 ················ 250

附录5　贵州盛华职业学院 ················ 251

第一章　概论

1.1　研究意义

1.1.1　互联网背景下课程改革的必要性

互联网的快速发展，改变了人们的工作、生活和学习方式，移动互联网和各种移动终端的出现，让互联网的应用更方便、发展更迅猛、影响更深刻。在互联网背景下，技术不断进步，知识迅速更新，全球化进程加速，互联网技术的运用甚至已经开始重塑人的大脑，改变人们的认知模式。

互联网的出现，既是机遇，也是挑战。纵观现代社会，各行各业的改变都与互联网的快速发展密不可分，互联网也为各行业的发展提供了新的契机，当然其中也不乏在教育模式方面所产生的新的活力。互联网已经渗透到教育的各个方面，可以整合各类优质教育资源，推进资源普遍开放共享，鼓励师生共建共享优质资源，加快推动教育服务模式和学习方式的变革。本课题研究的院校，学生们能够随时用电脑或移动终端通过互联网与外界实现互联互通。

1.1.2　高等教育课程改革

习近平总书记关于教育的重要论述和全国教育大会精神提出，要坚持立德树人的根本任务，深化高等教育教学改革，提高高校教学水平、创新能力和人才培养质量。国家级一流本科课程的认定，将示范带动更多高校和教师积极参与，创立课程建设新理念，点燃课堂革命的引擎，全面推动课程结构、课程内容和教学方式方法改革。营造改革创新的浓厚氛围，促进信息技术与教育教学深度融合，完善以质量为导向的课程建设激励机制，带动教材建设和专业发展，以"学习革命"推动高等教育人才培养的"质量革命"，助推中国高等教育跃上新台阶。

1.1.3　互联网的发展促进课程改革

互联网信息技术的发展使得获取知识的途径越来越多样化，以信息时代为背景的教育教学改革正在快速改变传统业态，接受着全新的挑战。网络学习是推进教育信息化的有效途径，远程教育是 21 世纪教育发展的一个重要趋势，通过利用互联网交流资源改进了多媒体传递与线下课程的局限性，弥补了正常课堂中缺乏的社会互动不足问题，受到了越来越多的教育学者的关注，呈现出十分强劲的发展势头。这种方法不仅为远程教育提供了学习资源，有效地促进了学习者之间的交流；而且还促进了教学方法和学习方法的变革，从而不断培养优秀的创新人才。

在"互联网＋"这种信息时代形态的教育背景下，教育理念逐渐发生了改变，其中围绕"以人为本"的维度得到关注，也就是说在教育与学习的互动过程中，将各个环节中的信息转化为数据，能够更加直观地进行量化，从而提高整个教育模式的水平与效率。

1.1.4　国家政策支持

2010 年，教育部颁布的《国家中长期教育改革和发展规划纲要》指出"信息技术对教育发展具有革命性影响，必须予以高度重视。把教育信息化纳入国家信息化发展整体战略，超前部署教育信息网络。到 2020 年，基本建成覆盖城乡各级各类学校的教育信息化体系，促进教育内容、教学手段和教学方法现代化。充分利用优质资源和先进技术，创新运行机制和管理模式，整合现有资源，构建先进高效、实用的数字化教育基础设施。加快基础终端设施普及，推进数字化校园建设，实现多种方式接入互联网"。

2012 年，教育部颁布的《教育信息化十年发展规划》指出，"推进信息技术与教学融合。建设智能化教学环境，提供优质数字教育资源和软件工具，利用信息技术开展启发式、探究式、讨论式、参与式教学，鼓励发展性评价，探索建立以学习者为中心的教学新模式，倡导网络校际协作学习，提高信息化教学水平"。

2014 年，《教育部关于全面深化课程改革落实立德树人根本任务的意见》指出，"课程是教育思想、教育目标和教育内容的主要载体，集中体现国家意志和社会主义核心价值观，是学校教育教学活动的基本依据，直接影响人才培养质量。全面深化课程改革，对于全面提高育人水平，让每个学生都能成为有用之才具有重要意义"。

《关于公布首批国家级一流本科课程认定结果的通知》：根据《教育部关于一流本科课程建设的实施意见》（教高〔2019〕8 号）的精神和有关通知要求，经省级教育行政部门、有关部门（单位）教育司（局）、部属高等学校申报推荐，并经专家评议与公示，认定 5118 门课程为首批国家级一流本科课程（含 1559 门在促进信息技术与教育教学深度融合，特别是在应对新冠肺炎疫情期间实施的大规模在线教学中作出了重要贡献的原 2017 年、2018 年国家精品在线开放课程和国家虚拟仿真实验教学项目）。其中，线上一流课程 1875 门，虚拟仿真实验教学一流课程 728 门，线下一流课程 1463 门，线上线下混合式一流课程 868 门，社会实践一流课程 184 门。现予以公布。

各省级教育行政部门、高等学校要将国家级和省级一流本科课程建设纳入"十四五"高等教育发展规划，加快建设与新时代人才培养需求相适应、与新技术相融合、与教育教学方式方法改革相配套的教育教学管理政策和机制，注重一流本科课程建设与应用优秀案例的推广，以"学习革命"推动"质量革命"向纵深发展。

中央部门所属高校要在中央高校教育教学改革专项中对国家级一流本科课程建设予以支持，省级教育行政部门和地方有关高校也应采取相应支持措施，积极推动广大教师和学生投身新时代教与学变革实践。课程平台单位要按照人才培养规律要求，继续做好各种类型课程的技术服务设计、运营、服务支持和网络安全保障，持续推动课程平台技术与模式、教育教学工具的再创新再提升再优化。

教育部将通过使用评价、定期检查等方式，对国家级一流本科课程继续建设进行跟踪监督和管理。自公布之日起 5 年内，未能按照各类课程要求开放共享或持续建设的课程，将取消国家级一流本科课程资格。

2020 年 12 月首批国家级一流本科课程公布，教育部详解了国家级一流本科课程，主要分为五类：

第一类是线上一流课程。即大家俗称的"精品慕课"，这类课程面向高校和社会学习者开放。在精品慕课的示范带动下，目前我国慕课数量和应用规模已居世界第一，在各大平台上线课程已达 3.2 万门，获得慕课学分的在校生超过 1.4 亿人次，社会学习者学习浏览量突破 100 亿人次。在世界疫情防控形势依然严峻的情况下，在线教学平台爱课程（中国大学 MOOC）和学堂在线国际版，免费向世界各国学习者提供英文课程资源并提供必要的教学服务，体现了中国高等教育的大爱和担当。

第二类是虚拟仿真实验教学一流课程。这类课程是通过信息技术、智能技术与实验教学的深度融合，实现"网上做实验"和"虚拟做真实验"，解决了高校实验教学"做不到""做不了""做不上"的老大难问题。上海同济大学教授李晓军的《岩石隧道防火体系虚拟仿真实验教学系统》课程近 2 年来全国已有超过 3 万人次进行了线上学习，从教学质量和普及程度来说，对原先的隧道火灾教学模式都有革命性的积极影响。

第三类是线下一流课程。这类课程强调改革传统线下课堂教学，突出以学生为中心，鼓励增加体现多学科思维融合、产业技术与学科理论融合、跨专业能力融合、多学科项目实践融合的教学内容，注重教学方法创新，深入开展师生、生生互动交流，焕发课堂生机活力。

第四类是线上线下混合式一流课程。这类课程鼓励全国各类高校教师广泛参与，基于慕课等优质在线课程，因地制宜、因校制宜，对校内课程进行创新性改造，开展线上学习与线下面授有机结合的混合式教学，既提升了教学质量，也达到因材施教的目的。

第五类是社会实践一流课程。这是该类课程首次被纳入课程建设计划。课程以培养学生综合能力为目标，注重推动课堂教学与社会实践有机融合，将价值塑造、知识传授和能力培养融为一体，引导学生认识社会、研究社会、理解社会，培育学生专业知识运用能力和解决实际问题能力。

1.2 核心概念界定

1.2.1 互联网 + 教育

"互联网 + 教育",即"在线教育"是随着当今科学技术的不断发展,互联网科技与教育领域相结合的一种新的教育形式,通过融合创新铸就了教育新模式。"互联网 + 教育",一方面体现在教师可以运用诸如视频、图片、音频、文字等信息融入教学环节中;另一方面也体现在教学过程不仅仅局限于面对面的线下形式,还能通过非面对面的线上、或线上线下相结合的形式与学生产生教学过程中的互动。期间,教师可以以引导者的身份更加及时地为学生提供帮助与指导,学生也可以随时向教师请教遇到的学习问题,进而提升整体的教学效率与教学结果。

互联网时代,虚拟现实将在多媒体与计算机教学后改变人们的学习方式;慕课、翻转课堂、混合式教学模式将变革日常教学方式和学习方式;"互联网 + 教育"的发展将为国内教育资源分配不均、城乡教育资源外教师资不足、地域移动不便做出积极改善。以互联网、大数据、人工智能为代表的现代信息技术将引领教育理念和教育模式创新,发挥在教育改革和发展中的支撑与引领作用,全面提升教学质量和人才培养体系。"互联网 + 教育"对教育进行公平助力、提高教学质量、学生素质与能力的培养等方面有重要意义,逐渐得到了社会的认可。在"互联网 +"的背景下,本课题研究的院校教师可以借助互联网平台(云课堂、微信群、QQ 群等)建立在线课程资料库。

1.2.2 教育信息化

教育信息化是将信息作为教育系统的一种基本构成要素,并在教育的各个领域广泛地利用信息技术,促进教育现代化的过程。信息化是将信息作为某一系统或领域中的基本要素,并对其生成、分析、处理、传递和利用所进行的有意义活动的总称,除了需要认识到信息重要性,还要在系统信息分析的基础上进行广泛应用。教育信息化的过程中应高度重视对教育系统以信息的观点进行信息分析，并在此基础上进行信息技术在教育中的有效应用。

1.2.3　学校课程改革

本课题中的课程改革研究，针对全日制高等院校及开放大学的大专、本科电子商务专业。课程改革内容包括：教学目标、课程体系、教学资源配置、教学设计、师资配备、教学组织、考核机制、实践效果等。课程改革要求将教学主体变更为学生，而教师作为管理者和引导者对整体课堂教学活动进行控制，这种方式能积极改变传统教育方法中的填鸭式教育，让学生能够更大程度的参与到课堂教学活动中。

1.2.4　实践效果

实践效果也称"练习效果"，通常需要以专业知识和技能的提高为基础，通过时间活动中的不断总结与学习，提升学生的综合实力。在互联网背景下，不仅可以为实践活动提供更多的可能性，使学生贴近社会、贴近生活、贴近实际；也能够通过场景模拟、资源共享等形式提供更广阔的实践平台。实践效果不仅是对教学成果的检验，更是教育体系中必不可少的重要环节。

1.2.5　面授（线下）教学

顾名思义，面授（线下）教学是一种教师与学生面对面进行教与学过程的教学形式。教师可以直接对学生进行监督指导，了解学生的真实问题与学习习惯；学生也可以在课堂上直接与教师进行沟通，产生自我约束性。有一定的时间和地点的要求，一旦确定不方便进行大的变动。随着科学技术水平的提高，传统的线下教学模式的弊端如教学模式较为单一、教学理念落后、学生能力薄弱、教学质量不高等逐渐被放大，人们对网络教学及线上线下混合教学模式的探索取得了新成果。

1.2.6　网络教学

绝大多数人认为，网络教学仅仅是在网上进行教学、管理及测试的活动，或者将其等同于对校园网的应用，或者对互联网的使用。这无疑是对网络教学的一种误解，单纯地从技术环境或者从教学手段上去认识网络教学只会淡化其应具有的观念先进性和技术先进性的统一认识，导致网络教学效益和效率的降低。网络课程还可采取视频学习的形式，包括自学和教学两种类型。前者是指学生使用联网状态下的手机或电脑进行学习，方式灵活，不受时间和地点的约束，同时还可随时解决遇到的难题形成一种自学模式。后者是指教师通过特定 APP、网站或视频会议的形式为学生授课，实现实施互动的教学模式。目前，纯网络教育多运用于成人教育之中，方便在职学生在不耽误工作的情况下进行学历的提升与知识的掌握，但从 2020 年开始，由于新冠肺炎疫情的原因，也开始应用于大中小学等全日制学生的课程中。

实际上，网络教学是一种需要依靠环境和技术来支撑的教学活动，有特定的"教"与"学"的方式。网络教学为教师与学生提供了便利和灵活性，对时间和地点的要求不高，具有可重复性、个性化和节约成本的优势，但对技术性要求较高。网络教学形式的出现，提升了教学质量，增加了教学全面化的可能性，学生可以根据自己的需求、知识背景、个人喜好、学习风格安排学习进度、制定学习内容，使学生充分与自主地进行学习探究，有效地增强了学习的针对性，对学生的个人能力和教师专业知识的增强具有双向促进的作用。

1.2.7　混合式教学

混合式教学，即"线上＋线下"的教学方式，是在大数据时代背景下所催生出的一种新型教学模式。混合式教学能够突破线下教学模式的形式固化，也能缩短网络教学模式的情感距离，充分结合课堂教学和网络教学的优势，促进优质教育资源高效整合，使教学质量得到切实的提升。2020 年全球爆发的新冠肺炎疫情使在线教学的快速发展，也引发了对教学模式革新的新思考：高校复学之后，在线教学将从"新鲜感"逐步走向"新常态"，融合了"互联网＋""智能＋"技术的在线教学将成为中国高等教育和世界高等教育的重要发展方向。此次全球范围的大规模在线教学是教育领域的一次巨大变革，线上教学＋线下教学双向融合的混合式教育新生态正在形成。

混合式教学模式借助大数据在线学习平台，使学生在学习过程中产生的各种行为数据得到有效的处理、存储与总结，帮助学生提升线上学习效果。从教育活动的三个最基本要素来看，混合式教育是混合式教学与混合式学习的有机融合，是对传统教育模式、内容的整体重构，也是有效解决高校传统教育中"大一统、满堂灌、齐步走"等问题的可行之举。

1.2.8　在线教学能力

教学能力指教师从事教学活动所具备的相关知识、技能与素质等，它是实现教学目标、保障人才培养质量的关键因素。心理学将"能力"视为一种心理特征，教学能力即教师从事教学活动所表现的心理特征[①]。当前学界对于教学能力的研究在中小学领域已经形成了较为系统深入的理论与实践探索。但由于长期以来对高校教师主体地位存在误区以及相关制度保障的乏力[②③]，关于高校教师教学能力研究的开展起步较晚且缺乏有影响力的成果。教师应具备什么样的教学能力？从经验层面出发，教师要掌握所教学科的内容知识和如何教的技能[④⑤]；此外，有学者基于扎根理论提出研究型高校的教师还需具备课堂组织、教学研究、表达与交往、角色情感等能力[⑥]；以及个人特质与学术魅力[⑦]、多元文化的感知力等[⑧]。学者们从不同的视角出发，虽各有侧重却均具有一定的合理性。

随着信息技术与教学的深度融合，在线教学相关文献逐渐增多。在线教学能力的前期研究聚焦于如何将信息技术应用到教学中，如强调计算机软件、

---

① 孙钰华. 高校教师教学能力研究的回顾与反思 [J]. 中国大学教学，2009 (8).
② 顾明远. 教育大辞典（增订合编本）[M]. 上海：上海教育出版社，1998：718.
③ 葛文双，韩锡斌. 数字时代教师教学能力的标准框架 [J]. 现代远程教育研究，2017 (1).
④ BROWN G. Effective Teaching in Higher Education [M]. London：Taylor & Francis，2002：1 - 2.
⑤ LEE S S. Teaching as Community Property：Essays on Higher Education [M]. San Francisco：JOSSEY - BASS，2004.
⑥ 许迈进，章瑚纬. 研究型大学教师应具备怎样的教学能力——基于扎根理论的质性研究探索 [J]. 浙江大学学报（人文社会科学版），2014 (2).
⑦ TIGELAAR D E H，DOLMANS D H J M，WOLFHAGEN I H A P，et al. The Development and validation of a framework for teaching competencies in higher education [J]. Higher Education，2004，48 (2)：253 - 268.
⑧ PRIETO，LORETO R. Initial factor analysis and crossvalidation of the Multicultural Teaching Competencies Inventory [J]. Journal of Diversity in Higher Education，2012，5 (1)：50 - 62.

多媒体工具的使用，后期研究则更加关注信息技术如何贯穿教学全过程以实现资源整合与方法创新，如翻转课堂新型教学模式、基于网络开展教学反思等，其研究越来越关注"软保障"方面的内容。进一步进行文献梳理后发现，研究视角包括三个方面：一是技术系统下基础的物化技术和主体的智能技术，教学能力强调将信息技术应用于教学的各环节如信息化教学开发与设计、评价与督导等[1][2]；二是教师专业化发展下的能力要求，如信息化教学意识与理念、课程信息化开发设计、信息化教学资源收集等[3][4]；三是回归教育育人本质，避免过分偏执技术而沦为"技术的奴隶"，避免只追求某种教学能力的片面发展而割裂了与其他能力的有机联系，以有效实现教学目标、提升学生学习水平为最终目的[5]。

1.2.9 在线学习能力

学生的学习能力存在差异，即使教师、课堂、授课方式等均相同，其获得的知识也多少存在个体差异，学生的学习能力是客观存在且抽象的，它贯穿于学生学习过程的始终。学习能力是学生获得可持续发展的关键，"促进人的全面发展"作为马克思主义理论的要义和社会主义基本价值观，要求学生需在认知、情感、智力、社交、精神、行为等方面获得全面发展。研究者试图就不同的学习阶段或学习场景，不同的学科与专业总结出差异化的核心能力，如中小学阶段的学习能力以听说读写算为主等[6]。与学习能力较为类似的研究是关于"学习力"的研究，源于1965年杰伊·福特里斯（Jay Forrester）提出的学习型组织构想，学习力构成的相关研究主要集中于内驱力、认识力、

① 南国农. 信息化教育概论 [M]. 北京：高等教育出版社，2004：17.
② 陈丽，李芒，陈青. 论网络时代教师新的能力结构 [J]. 电化教育研究，2004 (1).
③ 韩锡斌，葛文双. 中国高校教师信息化教学能力调查研究 [J]. 中国高教研究，2018 (7).
④ Jang S J, Chang Y. Exploring the technological pedagogical and content knowledge (TPACK) of Taiwanese university physics instructors [J]. Australasian Journal of Educational Technology, 2016, 32 (1)：107 –122.
⑤ 田宏杰，龚奥. 智能教育时代高校教师教学能力体系研究 [J]. 苏州大学学报（教育科学版），2020 (4).
⑥ 任亚方. 中小学学生学习能力培养的研究 [J]. 北京教育学院学报，2012, 26 (3).

意志力和应用力等方面①②。

在线学习是以网络作为介质开展的一种学习，更加强调学生的知识建构、互动体验、自主性与个性化等特征。学生在线学习应具备什么样的能力？常见的核心能力要素包括使用技术工具进行有效沟通③、通过网络进行自主学习、适应和利用学习环境等。其中，自主学习在信息化环境下备受关注，较有代表性的观点是齐默曼（Zimmerman）和宾特里奇（Pintrich）基于社会学习理论视角将自主学习划分为计划阶段、行为控制阶段和自主反思阶段三个阶段，并由此衍生出的目标设定及计划、执行及行动调整、反思及认知监控三方面的能力④⑤；波卡特（Boekaerts）基于情感作用视角将自主学习分为特定领域的知识与技能、认知策略、认知自我调节策略、动机信念与心理理论、动机策略和动机自我调节策略六个部分，在认知的基础上，更加强调动机与情感⑥；并且有研究进一步证实了自主学习能力与在线学习成果、在线学习满意度之间均存在显著正相关的关系⑦⑧。除此之外，在线学习能力还包括与老师或同伴互动合作、信息管理与加工、学习意识和态度、抗干扰的能力等多个维度。

---

① 管珏琪，祝智庭. 技术丰富环境下学习力构成要素：一项探究设计研究 [J]. 中国电化教育，2018 (5).

② 贺文洁，李琼，李小红. 中学生学习力：结构、类型与影响因素研究 [J]. 教育学报，2017，13 (4).

③ OECD. The Definition and Selection of Key Competences [EB/OL]. (2005 – 05 – 27) [2021 – 07 – 25]. http://www.oecd.org/dataoecd/47/61/35070367.pdf.

④ Zimmerman, B. J. Attaining Self – Regulation：A Social Cognitive Perspective [M]. Handbook of Self – Regulation. Burlington, MA：Elsevier Inc, 2000：13 – 39.

⑤ Pintrich P R. A conceptual framework for assessing motivation and self – regulated learning in college students [J]. Educational Psychology Review, 2004, (4)：385 – 407.

⑥ Boekaerts, M. Self – regulated learning at the junction of cognition and motivation [J]. Europe Psychology, 1996, 2：100 – 112.

⑦ 龚朝花，李倩，刘小会. 微视频自主学习中的心智游移、学习行为与学习绩效研究 [J]. 中国电化教育，2018 (5).

⑧ 张生，陈丹，曹榕. 中小学生自主学习能力对在线学习满意度的影响 [J]. 中国特殊教育，2020 (6).

1.3　国内研究现状

　　线上教学的顺利开展必须充分发挥教师和学生双方的主观能动性，创新在线课程平台的发展，立足于服务教师教学、学校校内和校级之间应用的实际需求，紧跟最新的技术发展成果，为在线课程建设提供优质丰富的资源和更加方便快捷的获取途径，更加科学精准的应用模式和高效可控的在线环境。在国内已有关于网络教学的实证研究中，陈丽芳、王云、樊秋红（2016）通过对学生实施混合式教学改革发现，教学模式和教学方法的改革，将会使课堂变得生动、轻松，学生的学习主动性增强，学习兴趣大大提升，人才培养效果成效明显。郝敏钗、乔振民（2017）在全院50多个专业中进行教学信息化改革，通过整合学习资源、技能闯关设计、学习平台搭建、移动学习云教材开发、翻转课堂教学实施等，充分调动了学生学习的积极性和主动性，提高了学习效率。廖家有、周爱琴、陈国峰等（2020）通过新型冠状病毒疫情（简称"疫情"）期间在学院采用超星学习通教学平台的线上教学的方式进行授课，得出了本次远程网络教学活动能够很好地解决疫情期间的教学问题，提高学生获取课程资料途径等优势的结论，同时也提出了在此期间可能遇到的问题并尽量提供了解决措施。

　　而关于实践探索部分，随着互联网技术的普及，国内很多高校都不同程度进行了课程改革的尝试。2013年5月起，北京大学、清华大学、上海交通大学、复旦大学、同济大学等多所"985"院校，加入慕课平台。国内的MOOC平台也陆续上线，以微视频为主要形式的微课随着网络推广迅速成为MOOC环境下的基本学习单元。微课成为我国推动教育信息化工作的主要抓手，翻转课堂的教学改革实践，是信息化建设与课堂教学相结合的有益尝试。2015年1月，由哈尔滨工业大学提出，南京航空航天大学等23所大学联合成立中国高校计算机教育MOOC联盟"大学计算机"课程工作组，旨在利用"MOOC + SPOCs + 翻转课堂"的方式推动"大学计算机"课程改革走向深入，取得了一定的效果：将MOOC用于深度或广度学习，而将SPOC用于管理学生手段的线下课堂教学或用于特色层次学习的线下课堂教学；在教学内容一致的基础上，构建与 MOOC/SPOC 课程互补的线下课堂教学；开展部分翻转课堂教学—部分研讨式/探究式教学；开展完全翻转课堂教学—完全研讨式/探究式教学。

江苏无锡科技职业学院依据职业教育教学规律和特点，搭建支持学生"线上＋线下"学习、实训教学新模式。浙江纺织服装职业技术学院开设"云班课"，允许学生课上全程使用手机，在全校开通免费 WIFI，用手机签到、听课、答题，将互联网运用到课堂。

随着互联网技术的普及，开放远程教育不再是开放大学特有的功能和属性，也不再是部分高校试点的领域，国内很多高校都不同程度进行了课程改革的尝试。利用 MOOC、微课、翻转课堂等形式进行教学只是课程改革中的一个环节，针对电子商务专业，还没有形成可复制并广泛推广的课程改革的解决方案，需要进一步研究。

1.4 国外研究现状

国外网络教育开展相对较早。1997 年思科在美国推出全球第一家网络学院，由网络提供多媒体课程、在线测试、实验室考试和课程管理、动手操作实践机会等。在 1998 年 12 月到 1999 年 6 月期间，许多学校就已经在教学环节中大规模运用网络。2000 年 5 月，有了全面的网络教学支持系统应用。麻省理工学院 2001 年开始推广面向校内外的电子课本 OCW，这也成为国外网络教学得以普及应用的典型案例。2008 年，美国加州全州采用电子课本代替纸质教材。2013 年，美国总统奥巴马表示希望未来四年有 99% 的学生通过互联网完成学习。2015 年 2 月，2800 所美国高校中 70.7% 都开设有网络课程或远程教育；英国则是把全国的学校与互联网连通；日本自 1998 年起规定大学本科毕业需要的 124 个学分中的 60 个学分可以通过"远程教学"取得；韩国 2015 年宣布废除纸质教材，亚洲、欧洲、美洲、大洋洲的许多国家，也都在积极发展互联网教育。此外，网络教学就已经成为多国教学中不可或缺的部分并且一直还在完善，其在全球教育中发挥的作用日益凸显。

在课程改革实践效果中，大型开放式网络课程（Massive Open Online

Courses，MOOC）形式的出现在世界范围内受到广泛关注。使全世界学生通过互联网在线课程来扩大受教育的机会，共享名校、名课和名师等优质资源。

国外的许多国家都有自主学习和合作学习的传统，在这种背景下，学生从小就有自主学习的意识，遇到问题会自己查找资料进行解决，学校布置的作业也经常是由学生分成独立的小组来合作完成。因此，网络学习无疑促进学生通过更方便快捷地网络形式查找所需资料并且合作完成研究性题目，使学生的学习能力得到了充分的培养与应用。由于国外教学更加关注个性化和适应性的教学内容，因此在进入网站开始正式学习之前，就会要求学生自主选择一个自己感兴趣的且有关互联网的热点话题。不同的话题对应不同的学习内容，这也要求学习者能够运用所学的基本内容去进行探索预试验，逐渐成为主动学习者，形成以自己的概念模式和研究策略为主的学习氛围与方法。这一要求不仅有利于学习者对于教学内容保持持久性的关注与投入，而且还能将平台多媒体资源中的抽象概念形象、具体且生动地进行表述，进而激发学习兴趣，促进学习行为，创造一个既科学又有乐趣的学习环境。

1.4.1 教学理念改革

互联网信息技术的发展使得获取知识的途径越来越多样化（Veletsianos，Collier & Schneider，2015），以信息时代为特征的教育教学改革正在快速改变传统业态，接受着全新的挑战。网络学习是推进教育信息化的有效途径，远程教育是 21 世纪教育发展的一个重要趋势（Yuan，2014），通过利用互联网交流资源改进了多媒体传递与线下课程的局限性，弥补了正常课堂中缺乏的社会互动不足问题，受到了越来越多的教育学者的关注，呈现出十分强劲的发展势头（Stafford，2005；Guo，Ning，Wen，& Wenlong，2012）。这种方法不仅为创造教育提供了学习资源，有效地促进了学习者之间的交流；而且还促进了教学方法和学习方法的变革过程，从而不断培养优秀的创新人才（Sun，2020）。Carswell，Thomas，Petre，Price，& Richards（2000）采用学习风格、背景问卷和学习成果的对比方式，对传统教育学生与远程教育学生的大规模对比试验，强调了互联网作为远程教学中的传播媒介的重要作用。Uskov，& Uskova（2002）的研究也清楚地展示了创新网络教育工具和课件，以及活跃

"学生与学生""学生与教师"之间网络交流的优势。

在"互联网＋"这种信息时代形态的教育背景下，教育理念逐渐发生了变化，其中围绕"以人为本"的维度得到关注，也就是说在教育与学习的互动过程中，将各个环节或信息转化为数据，能够更加直观地进行量化，从而提高整个教育模式的水平与效率。因此对于一般的院校来说，有必要建立一个虚拟的在线学习空间来支持教学教育活动。为了满足高校创新教育的需要，提高学生的创新精神、意识和能力，Sheng 和 Li（2019）提出按照分层、分步、线上线下相结合的教学方法，将知识学习、模拟训练、实战、项目孵化、成果展示五个创新与企业教育渠道融为一体，层层推进，解决创新教育的实际困难。

1.4.2　教学课程改革

课程体系是电子整个教学中的重要环节，也是实现创新教育的关键步骤。"互联网＋移动终端"的平台通过运用互联网思维，从系统化、创新性和实践性等方面进行教学改革（Li, Lau, Shih, & McLeod, 2008），由传统模式下的"翻转课堂"开始转变为以视频为基础，以知识点清晰、学习时间短、不受时间和空间限制等为特点的"微课""大型开放式网络课程"等形式。这些新型教学模式都来自于美国，并在短短的 3～5 年时间成功实践，使现代教育信息技术的发展更加迅猛（Liu&Li, 2016），不仅能培养学生的自主学习、自主管理与自助服务等意识和和能力，还能更便捷地方便教师对学生整体学习进度和过程的实时监控，进而推进对职业教学模式的改革。

第二章 课程改革的基本要素

课程的改革还需要追溯到课程的本身来进行探索，课程的本意是"课业及其进程安排，课程研究是围绕"教什么"、"学什么"以及"为什么这样教"这个本源问题而展开，高校的课程具有它自己的特性，他更强调各项素质与能力的培养，培养学生自主学习的主观能动性，对社会中现实问题的思考以及对未来趋势的探索。我们要利用互联网的手段达到教育培养人才的目的，回归教育的本质。互联网时代将使我们现在的模式和链条完全改变，以学生为本的教育理念将得以落实，真正实现人的个性培养和发展。课程改革的要素包含课程目标、课程内容、课程组织、课程实施、课程评价。

2.1 课程目标

2.1.1 课程目标的含义

课程目标是指课程本身要实现的具体目标，是期望一定教育阶段的学生在发展品德、治理、体质等方面达到的程度。[①] 确定课程目标是课程改革的第一步。课程目标主要有四类：一是认知类。包括知识的基本概念、原理和规律，理解思维能力。二是技能类。包括行为、习惯、运动及交际能力。三是情感类。包括思想、观念和信念，如价值观、审美观等。四是应用类。包括应用前三类来解决社会和个人生活问题的能力。[②] 其中课程目标中认知类的属于最基本的，技能类是高一级别的，情感类及应用类需要在认知类和技能类

① 顾明远. 教育大辞典（增订合编本）[M]. 上海：上海教育出版社，1998：898.
② 钟启泉。课程论 [M]. 教育科学出版社，2011.

的基础上进行，高校的课程目标在情感类、应用类方面将会更加凸显。

2.1.2 课程目标类型

针对课程目标的类型，国内外学者做过大量研究，也有不同的分类方法。美国课程论专家舒伯特认为课程目标主要有四种类型：普遍性目标取向、行为目标取向、生成性（或称展开性）目标取向、表现性目标取向。

第一，普遍性目标取向是指有意识或无意识地依据一定的哲学或政治见解，推演出具有普遍或一般性质的教育宗旨或原则，再将这些宗旨或原则运用于课程领域，使之成为课程领域一般性、规范性的指导方针的课程目标选定方式。

普遍性目标取向是对课程全局的总体考虑和安排，反映的是比较长期的教育价值取向。但普遍性目标取向也有一定的缺陷：这类目标往往基于经验、哲学观或伦理观、意识形态或社会政治需要而引出，往往缺乏充分的科学依据；这一取向把一般教育宗旨或原则直接作为课程目标，使课程目标与教育的一般宗旨和原则混同起来，往往具有普遍性、模糊性、指令性。

第二，行为目标取向是以显性化、精确性、具体的、可操作的行为的形式加以陈述的课程目标。它指明了课程与教学过程结束后学生身上所发生的行为变化。[1] 行为性目标的优点是课程目标更加具体化，缺点是把课程开发视为可预先决定的机械过程，忽视了学习者的主观能动性。

第三，生成性目标取向是在教育情境之中随着教育过程的展开而自然生成的课程目标。它不是由外部事先规定学习者要达到的结果，它关注的是学习活动的过程。[2] 生成性目标考虑到学生的兴趣变化、能力形成及个性的发展，但是在实际的工作中这个理论很难执行。

第四，表现性目标取向是指在教育情境的种种际遇中每一学生个性化的创造性表现。这是美国课程学者艾斯纳提出的理论，他认为解决问题的方式是多种多样的，不可能事先予以明确规定。解决问题的目标不是把重点放在

---

[1] 钟启泉。课程论 [M]. 教育科学出版社，2011.
[2] 钟启泉。课程论 [M]. 教育科学出版社，2011.

16

特定的行为上，而是放在认知灵活性、理智探索和高级心理过程上。表现性目标更加强调学生的个性发展和创造力，他与人本价值观念一致，它属于唤起性的，在课程设计与实施中难以发挥课程指南的作用，这对教师的要求很高。

2.1.3　构建课程目标的基本要求

课程目标的构建，需要考虑多方面的因素，这些因素既相互制约又相互促进。廖哲勋在《课程学》中提出课程目标体系的构建需要遵循三大基本原则：体现社会要求与学生个体需要的统一；体现学校的性质与任务的统一；体现学生原有的发展水平与其新的发展水平的统一。[①] 廖哲勋、田慧生在《课程新论》中提出，为了把握课程目标的内在特性，课程目标体系的构建应该遵循"系统化、具体化、层次化"[②] 三项基本要求等。结合以上两个观点，我们可以得出课程目标与教育目的、培养目标、学生需求、社会需求均有密切关系。

第一，明确教育目的和培养目标。教育目的是一个大的概念，一般以学校为单位，它指明培养学生的正确方向和总体要求，如：以习近平新时代中国特色社会主义思想为指导，培养德、智、体、美、劳全面发展的学生。培养目标一般以专业为单位，以某一学科或领域为单位，如：具有一定的科学文化水平，良好的人文素养、职业道德和创新意识，精益求精的工匠精神，较强的就业能力和可持续发展的能力；课程目标以课程为单位，必须与教育目的、培养目标相一致。

第二，课程目标的完整性。在课程目标的含义中我们看到，课程目标包含认知类、技能类、情感类、应用类。但是在实际的教学中，对于认知类和技能类更加得到重视，情感类和应用类重视不够，而高校的课程目标更加强调情感类、应用类，所以课程目标需要在认知与情感、技能与应用、主动精神与社会责任的和谐统一，重视各个学科课程目标的完整性。

---

① 廖哲勋．课程学［M］．武汉：华中师范大学出版社，1991：86．
② 廖哲勋，田慧生．课程新论［M］．北京：教育科学出版社，2003：156 – 159．

第三，课程目标对社会变化的适应性。课程内容会随着社会发展变化而发展变化，相应的课程目标也会随着社会发展变化而变化，课程需要紧密结合时代的发展，适应社会变化。如：关注学生发展需要、培养学生的独立思考能力。

在互联网的背景下，智能手机、电脑等智能电子产品成为当代大学生的标配，学生产生了互联网的思维模式，学习习惯也随之发生了很大变化；在互联网世界中没有国界，学生社会生活的边界也无限扩大；在学科的发展方面学生可以通过互联网的手段检索到当今学科发展的最新趋势，信息量大。鉴于此，课程目标的制订也迫切需要进行改革，课程目标需要在原有的基础上加强广度和深度。

2.2 课程内容

课程内容是课程的核心要素，没有课程内容就没有课程，课程改革的重要组成部分是课程内容的变革。

2.2.1 课程内容的概念

一种观点认为，课程内容是在教育机构范围内要向学生教授的知识；另一种观点认为，课程内容是在一门课程中所教授或所包含的知识，也指一些学科中特定的事实、观点、法则和问题等。[①] 我们更倾向于这个观点，课程内容是课程的核心要素，从总体上讲，课程内容是根据课程目标，有目的地选择一系列直接经验和间接经验的总和，是从人类的经验体系中选择出来，并按照一定的逻辑序列组织编排而成的知识体系和经验体系。[②] 直接经验是通过在现实生活中亲身参与而获得的感性知识。间接经验是人凭借书本等各种文字记载所获得的知识。二者既有区别又有联系，相辅相成。直接经验为间接经验的获得提供支撑和生长点，而间接经验又为直接经验提供事实和价值的

---

① T. 胡森等. 简明国际教育百科全书. 课程［M］. 江山野主编，译. 北京：教育科学出版社，1991：69、110.
② 钟启泉. 课程论［M］. 教育科学出版社，2011：141.

解释。

2.2.2　课程内容的意义

（1）课程内容是课程的基础。

一门课程没有课程内容，课程将不存在，课程内容是整个课程的基础。一方面课程内容是依托课程目标来撰写的，体现课程目标的要求，另一方面课程内容也制约着课程目标。

（2）课程内容是课程的核心要素。

课程内容是课程的核心要素，它与课程目标、课程组织、课程实施、课程评价既相互促进又相互制约，课程内容的改革也是课程改革的重点内容之一。

2.2.3　课程内容的性质

课程内容随着科学技术的进步而一直在变革，课程内容也一直围绕"什么课程内容是最有价值的"这个永恒的命题。20 世纪课程的改革多是"唯科学主义的课程内容改革"，课程内容"繁、难、偏、旧"，教师教授方法和学生学习方法也较为单一，教师"填鸭式教学"，学生"强迫接受、死记硬背"，学生学到了很多知识，但是难以运用。现在的课程内容一方面与生活工作相结合，实际运用能力增强；另一方面增强学生的自主学习能力，发挥学生的主观能动性，课程内容还需要教师的传授、引导，学生对知识的理解，思考；师生之间互动通过多种交流方式，如语言、动作、讨论等产生共鸣，引起反思；最后不管什么样的课程都需要传递给学生正确的人生观、世界观。

2.2.4　课程内容的选择

课程内容包含知识，但这并不等于课程内容就仅仅是知识本身。

在互联网背景下知识爆炸，课程内容、课程视频、课程讲解、课程习题……，知识传播的渠道很多，但对知识的准确度、可信度并不能保证，就知识本身而言，我们不仅要给学生提供准的知识，还要提供好的知识拓展渠道，让学生学到正确的知识，前沿的知识，以学生为本的教育理念得以落实，在教师的正确引导下，在学生的不断质疑、不断探索、不断表达个人见解的过程中，超越原有的知识本身，结和社会热点问题对所需知识进行反思，最后学生以反思性和创造性实践来探寻人生的意义。

2.3　课程组织

2.3.1　关于课程组织的有代表性界定

英国课程学者斯基尔贝克（M. Skilbeck）认为，"课程组织是指构成教育系统或学校课程的要素得到安排、联系和排序的方式。这些要素包含诸如教学计划和方案、学习材料、学校器材和设备、教学力量的专业知识，以及评价和考试机构的要求等一般因素"。[1]

美国课程学者麦克尼尔认为，"课程组织是指学习机会的序列化、顺序化和整合化，以便达到预期的结果，或让学习者从提供的各种机会中获得其他方面的益处。"[2]

中国香港课程学者李子建、黄显华认为，"一般而言，课程组织是指学习经验的排列、次序和统整"。[3]

中国台湾课程学者黄政杰认为，"课程组织是指将课程的各种要素或成分妥善加以安排，使其力量彼此和谐，对学生的学习效果产生最大的累积作用"。[4]

我国学者施良方认为，"为了使学生的各种学习有效地联系在一起，使学习产生累积效应，需要对选择出来的课程内容加以有效的组织。"[5]

我国学者张华认为，"所谓课程组织，就是在一定的教育价值观的指引下，将所选出的各种课程要素妥善地组织成课程结构，使各种课程要素在动

---

① Skilbeck, M. Curriculum organization［M］//T. Husen & Postlethwaite. 1 – itematioEal encyclopedia of education, eds. Oxford》England；Pergamon Press, 1985；1229 – 1233.

② 约翰·d. 麦克尼尔. 课程导论［M］·施良方等，译. 沈阳：辽宁教育出版社·1990；193.

③ 李子建，黄显华. 课程：范式、取向和设计［M］·香港：香港中文大学出版社，1994；265.

④ 黄政杰. 课程设计［M］. 台北；东华书局，2000；288.

⑤ 施良方. 课程理论—课程的基础、原理与问题［M］. 北京：教育科学出版社，1996；114.

态运行的课程结构系统中产生合力，以有效地实现课程目标。"①

　　本文所采用的课程组织的定义为：课程组织是为了提供真正的学习机会，围绕解决学习内容和学习经验之间的有机联系问题，在范围和序列两个组织维度上安排相关课程要素，使之整体和谐地促使学习达到最大累积效应。②

2.3.2　课程组织要素

　　组织改革也是课程内容改革的重要组成部分。麦克内尔（J·D·McNeil）和黄政杰认为，课程组织的要素为概念、通则、技能和价值。这些课程组织要素可称为表层要素，还有深层次的要素称为学习经验。

　　互联网背景下，在认知领域的概念、通则，在动作领域的技能没有明显的变化；但对学习经验的冲击较大，学习经验是学生经过个体的主动学习，通过与其他的人、其他的事相互作用，特别是通过社会对问题的反思，从而构建出对知识的新的理解，新的认知，高校学生"与外界的相互作用"的半径在互联网的作用下无限扩大，"构建新的理解"、"形成新的认知"将会更为全面，更为深刻，更能引起学生的思考与探索，更有利于创新。

2.3.3　课程组织的范围

　　课程组织的范围指的是课程内容的宽度、幅度和深度，它是一个横向的组织。它有广义和狭义之分，狭义指的是一门课程内学习内容的多少，难易程度的大小，教师教授及学生学习所需花费精力的多少，当某一或几个章节花费的时间与精力较多，则学习越有深度。广义是指在专业中，课程数量的多少，课程内容的难易，课时安排的多少等，使整个专业课程安排合理。

2.3.4　课程组织的序列

　　课程组织的序列是指课程内容之间的先后顺序安排，是一个纵向一体化的组织。它有广义和狭义之分，狭义指的是一门课程学习内容的安排，符合

---

① 张华．课程与教学论［M］．上海教育出版社，2000：230.
② 钟启泉．课程论［M］．教育科学出版社，2011：172.

认知规律，并需要与学生的主观能动性，与社会经验结合，进行有效的最优的组织。广义指在专业中，课程之间按照一定的逻辑（例如难易程度、连续关系等）进行安排，从而产生积累效应。

2.4　课程实施

课程实施改革也是课程内容改革的最为重要的组成部分。课程实施的过程就是根据课程目标、课程内容、课程组织形成的课程教学方案，采用不同的教学手段进行教学行为的过程。它涉及学校、教师和学生思想观念的转变，以及由思想观念转变引起的行为转变。这是一个复杂动态的过程，各个因素之间都会因为存在个体差异、认知差异、行为差异而在实施过程中呈现出不同的方式。

2.4.1　课程实施的层次

课程实施过程是受互联网影响最大方面，也是互联网技术应用的落地，可以通过五个层面来体现，即教材的改变、组织方式的改变、角色或行为的改变、知识与理解的改变、价值的内化。

（1）教材的改变

教材的改变是课程改革的一个最直接最明显的要素，也是课程实施改革的开始。互联网背景下，教材将以立体的形式更加直观的呈现，其中包含纸质版教材、电子版教材、AR、VR、微视频等教材可供学生在线观看及下载，在电子版教材上增加标注、分享朋友圈等交互功能，同时电子教学资源也具有更新快的优势。

（2）组织方式的改变

组织方式改变是课程实施改革的重要方面，互联网背景下，传统的面授课堂组织方式不能满足社会的需求，各大高校尝试线上＋线下的混合式教学模式，教学形式多样化，教师与学生的接触也不仅仅只是课堂几十分钟，可以随时随地在虚拟网络课堂进行沟通，很多学校要求针对学生提问，老师需在48小时内回帖，进行处理，做到时时、处处、人人，打破了时间与空间的限制，这是对组织方式的根本性改变。

（3）角色或行为的改变

角色或行为的改变是课程实施改革取得实质性效果的重要标志。教师从权威、知识的拥有者转变成教学的组织者、参与者与合作者，学生不在仅仅是知识的接受者，也是参与者与合作者。师生之间、生生之间互动交流，这种转变体现在具体教学行为的转变上，教学不再是填鸭式教学。另外，多用启发性教学方法，用学生的互联网搜索工具去寻找资料，进行整合并加入学生自己的思考回答问题，问题的回答也多是小组合作方式，例如"维基"。

（4）知识与理解的改变

知识与理解的改变是课程实施的第 4 个层面。互联网改变了人们的认知模式，当代大学生成为"互联网原住民"。要教好学生，教师也需要用互联网思维进行思考，把互联网思维与课程及其相关知识的理解与把握相结合，自觉地、创造性地、有效地将课程方案在教学实践中体现出来。

（5）价值的内化

价值的内化是指课程实施者将新课程提倡的价值内化为自己的价值观，完全变成自觉的行为去执行课程的各组成要素。互联网是一把双刃剑，在知识层面它既有精华又有糟粕，在学习行为方面，既可以搜索大量参考文献，也有"拿来主义"弊端，影响思考；在人生观方面更容易受到不良影响，价值的内化不仅要把课程提价值内化为自己的价值观，更要把思想政治观、正确的人生观内化为价值观以正能量传递给学生，用自觉的行为去执行课程的各组成要素。

课程实施的改革是多维度、多层次的，5 个方面相辅相成。

2.5 课程评价

课程评价改革是课程改革中的重要的一环。课程评价属于方案评价的范畴。方案评价（program aluation）是系统地运用科学方法，对方案的设计、实施、改善或结果等收集信息资料，并作出价值判断的过程。①

课程评价的对象和范围很广泛，我们以最常见的三种评价方法的改革来进行探讨。

2.5.1 教学教材评价改变

华南师范大学课程与教学系高凌飚主张从以下 5 个维度衡量教科书的质量①：

（1）知识的维度即教科书内容对学生素质发展的必要性和典型性；教科书内容反映学科基本结构和发展方向的水平；教科书内容与学生生活环境的联系程度；教科书内容及组织、表达方式的科学性；教科书内容与其他学科的配合协调程度。

（2）思想品德和文化的维度

即教科书所体现的辩证唯物主义和历史唯物主义思想；教科书所体现的价值观、人生观和道德观；教科书在激励学生的探索精神、创造精神和实践方面能力的水平；教科书对科学精神和科学态度的倡导水平；教科书对对中华文化和人类文化的认识。

（3）学生发展维度

即教科书能否调动学生的兴趣，激发学生的求知欲；教科书能否从多方面来强化学生的感知和知识发生的过程；教科书能否引导学生主动建构新知识；教科书对学生的起始程度和未来发展目标是否合适；教科书是否符合学生心理发展的成熟程度，遵循学生心理发展的规律。

（4）编制水平维度

即教科书文字的编写水平；教科书插图与文字配合程度即制作水平；教科书编写形式的丰富程度和相互配合水平；教科书的版式设计水平；教科书的印刷装订质量。

---

① 高凌飚. 科书评价的基本框架 [M] //钟启泉，崔允漷，张华. 为了中华民族的复兴 为了每位学生的发展—《基础教育课程改革纲要（试行）》解读. 上海：华东师范大学出版社，2001：331 –343.

（5）适应和效果维度

即教科书与学生水平的适应程度；教科书与教师水平的适应程度；教科书与学校资源环境的适应程度；教科书与所在地区的经济与社会发展的适应程度；教科书的教学设计与实际使用情况的符合程度；教科书预定的教学目标的实际达成情况。

互联网背景下，教学所需的教材不再是纸质课本的翻版，而是纸质教材的延伸，呈现立体的形式，对教学教材的评价也将是立体多方位的评价。

2.5.2　教师施教评价改变

教师的施教评价基本上都是从教学目标、教学方法、教学方式、教学指导、教学态度、教学手段、教学效果等方面进行评价，在每一个评价维度中都要加上互联网的思维，例如对教学手段的评价，一定要加上线上教学评价，线上＋线下混合式教学评价等。

2.5.3　学生学业评价的改变

传统学业评价的主要以期末考试成绩为主，平时成绩为辅。在互联网背景下，学业评价应该是形成性考核与终结性考核相结合，还需要参考考勤情况、视频点击率、视频播放时长等其他因素，才能构成新的学业评价。

第三章　课程教师团队结构

《中国教育现代化 2035》提出加快信息化时代教育变革。建设智能化校园，统筹建设一体化智能化教学、管理与服务平台。利用现代技术加快推动人才培养模式改革，实现规模化教育与个性化培养的有机结合。提出要利用现代技术加快推动人才培养模式改革，实现规模化教育与个性化培养的有机结合。

在互联网背景下，教师即是高校课程改革的对象，也成为高校改革的主体，教师是承担高校课程改革的重要组成部分。教师在原有的旧的教育范式下与信息技术相结合，产生"技术与教学"融合的创新发展，这对教师来说既是挑战也是机遇。

3.1　教师角色转变

互联网背景下，"创新人才培养方式，推行启发式、探究式、参与式、合作式等教学方式，培养学生创新精神与实践能力"[①]，学生培养模式的变化，对教师提出了更高的要求，教师由原来的"传道、授业、解惑"，变为"传道、授业、解惑" + "亦师亦友"共同前行。

3.1.1　精神的引领者

《中国教育现代化 2035》提出建设高素质专业化创新型教师队伍。大力加强师德师风建设，将师德师风作为评价教师素质的第一标准，推动师德建

---

① 中共中央、国务院印发《中国教育现代化 2035》http：//www. moe. gov. cn/jyb_ xwfb/s6052/moe_838/201902/t20190223_370857. html.

26

设长效化、制度化。《中共中央国务院关于全面深化新时代教师队伍建设改革的意见》开宗明义："百年大计，教育为本；教育大计，教师为本"，教师"肩负着塑造灵魂、塑造生命、塑造人的时代重任"。①

教师首先"言传莫如身教，正人需先正己"，要具有高尚的道德情操，才能在教书育人的过程中培养学生树立正确的"三观"，成为社会主义合格的建设者和接班人。

3.1.2　知识的传授者

随着时代发展，一方面教师需要打破传授"知识本身"，更多的让学生从知识的来源、知识在社会中的运用、知识的发展、知识之间的交叉等方面进行深度学习，达到对知识进行重新构建并深入探索的程度；另一方面教师也需要进行不断的知识更新，优化知识结构，通过互联网手段探索最前沿知识，才能保证教学质量。

3.1.3　教学的组织者

教师主要的作用在于对教学内容及深度的把控，在互联网背景下，教师通过各类教学手段（包含线上、线下）的优化及合理配置，打破时间、空间的桎梏，激活学生学习的主观能动性，由"被动接受"到"主动吸收"，做到"内化于行""内化于心"。

教学的组织不是简单地资源罗列或是把纯面授内容搬到网上，互联网背景下的教学组织，是立体、多维度的。从内容上看，一方面线上、线下内容既有互补关系，也有重叠关系；另一方面课程内容可以放大，不再局限于一本参考书，知识的拓展更为丰富。从设计上看，线上可采用"主题单元"模式，以学生学习为中心，采用多样化的学习手段，丰富教学内容的呈现形式。线下偏重于"教"，线上偏重于"解惑"与"共同成长"，其中"小组协作""维基"等团队合作方式运用得更加灵活，也更有利于因材施教的教学方法。

---

① 中共中央，国务院. 关于全面深化新时代教师队伍建设改革的意见 ［EB/OL］（2018－01－31）［2021－03－11］. http：//www.gov.cn/xinwen/2018－01/31/content_5262659.htm.

3.1.4 教学资源的提供者

教师需要通过现代信息化手段，把原有资源重新进行分类、整理、改造，再加入新的资源制作成为资源库，有利于实现资源的动态更新。

3.2 网络教育课程教师

基于互联网的线上教育对教师的要求和教师的工作任务与线下教育不同。从课程教育教学关键点来看，基于互联网技术的教育教学中教师的工作内容更丰富、更具体，角色的分工更加明确，业务流程也更加细化。因此，传统的线下教育、纯网络的线上教育和线上/线下混合式教育，教学关键点和职能分工、角色分工均不同。

3.2.1 传统线下教育教师

在传统的线下教育教学中，课程教师的工作包括课程教学大纲的制定、课程文字教材的撰写、课程教学全内容的面授讲解、课程教学辅导与答疑、课程题库建设及课程作业评阅，还可以选择制作音视频资源、网络课件或网络课程等。课程教师以面授课程为主要工作任务，在面授课程教学外可以补充多媒体学习资源，见图3-1。

3.2.2 线上/线下混合教育教师

在线上/线下混合教育教学中增加了互联网技术、计算机技术等在教育教学中应用。课程教师相比于传统的线下教育在工作内容中也随之加重了课程建设负责人的角色和职能。因此，课程教师的工作关键内容包括课程教学大纲的制定、课程文字教材的撰写、课程教学全内容的面授讲解、课程教学辅导与答疑，课程题库建设及课程作业评阅、网络课程音视频资源建设、网络课件/课程制作等，还可以选择外请专家主讲音视频课程。课程教师除课程面授工作任务外，部分课程内容教学以互联网资源呈现，见图3-2。

图 3-1 线下教育课程教师负责的课程教学关键点

图 3-2 线上/线下混合教育课程教师负责的课程教学关键点

3.2.3 纯网络的线上教育教师团队

在纯网络的线上教育教学中，课程要在教育教学运行前，网络教学资源建设到位、教学辅导团队培训到位、教学运行环境（平台、系统等）到位。纯网络的线上教育教师已经不是简单的教师讲授，资源制作、网络课件/网络课程建设都是教师的主要工作。纯网络的线下教育教学中课程教学的关键环节增加并具体化，教师的工作内容更加专业化。因此，课程教师已经不是一个人的工作，必须由合理的团队构成。教师团队要包括专家指导团队、课程建设团队和课程运行团队。课程建设团队和课程运行团队中既要有懂得课程学术内容的教师，还要有懂得项目管理、网络技术、多媒体技术、教学设计的专门教师。以往传统的课程授课教师的教学工作职能也将细化且分别托付与课程建设负责人、课程责任教师、课程辅导教师和课程主讲教师，见图3-3。

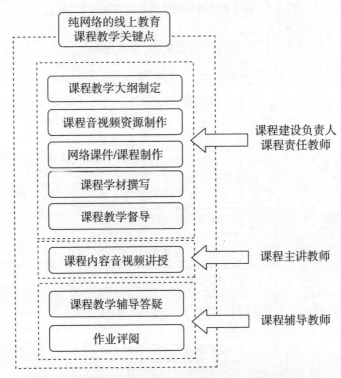

图3-3 纯网络的线上教育课程教师负责的课程教学关键点

3.3 教师团队组成

互联网背景下课程的开发，是"教学与技术"的深度融合，不是一位教师就能完成的事情，需要建立教师团队共同完成。

3.3.1 教师团队

专业课程的建设和运行都离不开课程教师团队。在课程建设时期，需要由具有各种建课能力的适宜各个课程建设岗位的专业人员构成课程建设教师团队。在课程教学运行时期，需要由教育教学、学生管理和技术支持等专业人员构成教学运行团队。除这两大类团队外，还需要由学科和行业专家组成的高端的专家指导团队。

3.3.2 教师团队组建——以电子商务专业课程团队为例

（1）团队建设目标

电子商务专业组织建设教学团队是由专兼职教师队伍，探索教学模式改革，努力培养适应区域发展的应用型专门人才。

教师团队组建的远期目标：建设一支以专职为骨干，以兼职为主体，在学科研究、课程开发、教学设计、实践教学等方面各有所长，分工协作，能够开展高水平远程开放教育的专业化教学队伍。

教师团队组建的近期目标：完善课程群建设，与学分银行标准进行比对确定学分认定成果。全面运行已经建设的课程，并对课程教学进行跟踪研究。

（2）团队的组成结构

电子商务专业课程教师团队由专业专家指导委员会、专业负责人、专业方向负责人、课程责任教师、课程建设团队和课程运行团队构成，如图3-4所示。课程建设团队负责课程的规划与建设工作。团队中包括课程建设负责人（通常是课程责任教师）、主讲教师、课程设计师、课程助理和各类相关技术人员。教学运行管理团队包括课程责任教师、课程辅导教师、导学教师、教学与教务管理人员、在线平台技术管理人员等。这些团队成员为专业课程的建设、运行、管理与质量监督提供有效的保障。

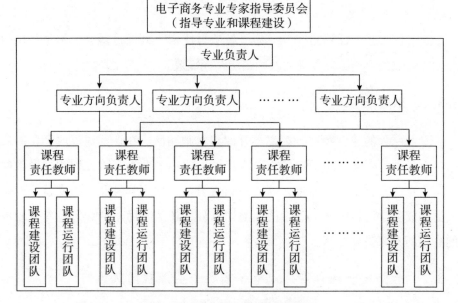

图3-4　电子商务专业团队组成

（3）专业开设与教学运行

电子商务团队负责电子商务专业（高起本、专升本）教育教学组织和运行管理工作。电子商务专业采用线上线下相结合的混合式教学运行模式。从教学运行关键环节的"动作"标准、评价标准到管理标准，均需要探索总结出一套相适应的规范要求。同时，还需要进一步将教学与社会经济发展相结合，跟踪行业前沿，及时更新教学内容；重视实践性教学，引导学生进行实践性学习、创新性实验，培养学生发现问题、分析问题和解决问题的能力；不断完善远程教育教学模式下的电子商务专业教学质量管理制度和措施。

（4）资源建设

教学团队结合专业发展与行业新技术、新思维、新方法的特点，更新、建设课程资源。课程资源包括视频资源、教材等。

（5）教学研究与应用

教学团队完善电子商务领域资历架构能力图谱与学分银行认证单元（标

准）。依托标准的建设，带动课程建设规范及教育教学质量保证。依托标准，积极探索学分银行转换机制。依托标准，推进教育教学改革与创新，开展人才培养模式、培养方案、教学制度、课程体系、教学内容与方法、考核形式、资源建设及教学评价等方面的研究，提高教育教学质量。

（6）成果

经过几年的专业团队建设，在保障教学良好运行的条件下，已经取得初步成果。课程建设获奖：学院推荐《互联网营销概论》《搜索引擎营销》两门课程获得教育部第十四届全国多媒体课件大赛网络课程二等奖；《海外整合营销》等六门课程获得北京开放大学优质课程；《网店客服》课程入选国家开放大学精品网络课程。教科研获奖：《电子商务领域认证单元（标准）制定与应用—北京开放大学电子商务专业学分银行体系建设架构》获得国家开放大学学分银行论文征集与评选优秀奖；《北京开放大学电子商务专业建设与资历架构模式研究》获得北京市成人教育学会科研成果三等奖。指导学生作品获奖：团队指导 3 名学生参加 2018 年北京高等学校继续教育大学生计算机设计应用竞赛均获得优秀奖。

3.4　课程建设团队

课程建设需要懂得学科知识、课程讲授、教学设计、网络平台技术的专业人员。因此，课程建设团队要包括课程建设负责人、课程视频资源主讲教师、课程设计师、课程建设助理、网络平台技术支持人员，如图 3 - 5 所示。

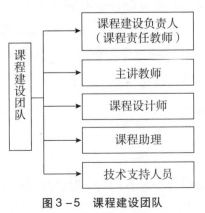

图 3 - 5　课程建设团队

3.4.1　课程建设负责人

课程建设负责人是整个课程建设的责任人、组织者和项目负责人。负责课程建设的实施全面工作。包括组建课程建设团队、聘请课程主讲教师、研究制定课程教学大纲、课程说明和课程建设方案等文件、制定课程建设流程与进度、组织课程资源设计与制作、组织课程建设样张制作和审核及各关键阶段验收审核。一般课程建设负责人也会是课程运行时的课程责任教师。课程建设负责人由校内电子商务专业专职教师担任，具有高级职称的教师优先。

3.4.2　课程主讲教师

课程主讲教师是课程资源内容建设的主要责任人。负责教授课程全部内容，承担全课程的音视频资源录制讲授，根据课程建设目标承担课程文字教材等资源的撰写等工作。由于课程的全内容音视频资源是使用期较长的课程共享核心资源，"资源最优、资源权威"是选择全内容音视频资源主讲教师的核心标准。一般理论类课程主讲教师应选聘高起本课程资深的专家教授，实操实践类课程也可以选择行业专家承担相应的主讲教师角色。

3.4.3　课程设计师

课程建设中课程设计师是课程建设的灵魂角色，负责指导课程教学内容的分析、学习需求分析和学习对象分析，进行课程框知识架结构设计；负责为课程学习目标设计和学习环境设计提供专业指导；负责从教育教学方法和教育技术角度指导课程建设团队完成课程资源设计、语言运用与表达、表现媒体和交互方式的设计、各类资源脚本；负责辅助确定课程线上、线下教学组织设计；负责辅助课程评价设计与管理。教学设计师一般由具有教育学、教育技术研究等背景的资深教师承担。在北京开放大学课程中心中具有一批业务能力强的课程设计师。

3.4.4　课程助理

课程助理是课程建设的参与教师。一般由具有本课程学科背景的教师组成，是课程建设团队的主要参与者，主要负责辅助课程主讲教师、课程负责人、课程设计师完成课程的建设工作。最好是由课程教学运行团队中的课程辅导教师组成。

3.4.5 课程技术支持人员

课程技术支持人员包括文字和音视频媒体制作人员、网络课程制作人员等。这些技术支持人员要根据课程教学资源的设计情况进行聘请。

3.5 课程运行团队（见图3-6）

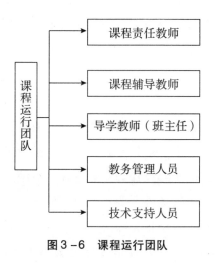

图3-6 课程运行团队

3.5.1 课程责任教师

课程责任教师是课程建设团队和课程教学团队的负责人，是课程建设与教学运行的直接责任人。课程运行期间，课程责任教师负责牵头组织课程教学大纲、课程说明、课程实施方案等课程核心文件的制定与审核；负责组建课程运行团队；负责对课程辅导教师进行系统的定期的培训、督查与评价；负责跟踪课程知识能力的发展，拓展、更新与改造课程资源；负责课程教学中学生学习情况、辅导教师辅导情况的督导与检查；负责课程运行中各类学术问题的解读与处理。课程责任教师应该尽量聘用具有中高级职称的专职教师，以保证课程的持续性与课程管理的专业性。

3.5.2 课程辅导教师

课程辅导教师是课程教学与学习支持服务中的重要角色，也是影响教学与服务质量的关键因素。课程辅导教师是通过互联网操作技术、专业课程学术、网络教育教学手段等培训的专业课程教师。课程辅导教师依据课程教学大纲等教学基本文件，围绕课程主讲教师已经制作完成的全课程网络课程教学资源，制定课程教学辅导方案，根据班级学生情况补充教学内容、引导教学活动、评阅评价学生学习情况，带领学生完成课程的学习。课程辅导教师是课程教学团队的成员，接受课程责任教师的学术指导和课程运行指导。课程辅导教师应聘请具有一定专业教学经验的教师，专兼职教师比例应根据课程情况进行合理选择。

3.5.3 导学教师

导学教师是学生专业学习全程的引领者的，类似于普通传统教学中的班主任。导学教师负责向学生介绍指导教学平台、教务平台的使用方法；负责引领学生进行教学教务的实际操作如专业选课、成绩查询等；负责向学生发布、正确解读学校教学相关文件及要求；负责监查、提醒学生学习中的关键步骤和环节；负责及时向学校相关部门反馈学生的学习需求和问题；负责学校交办与学生相关的各项工作。导学教师应该聘请具有一定学生管理经验，了解专业教学内容和主要课程学习要求，沟通交流能力强的教师。导学教师尽量聘用专职教师，以保证对学生服务的稳定性。

3.5.4 教务管理人员

课程运行中关于教学教务管理的工作是由教务管理教师负责。在电子商务学院中教务管理教师还身兼教学督导工作职责。教学教务管理教师为专职教师，应具有本科以上学历。

3.5.5 技术支持人员

技术支持人员主要负责向课程责任教师、课程辅导教师、导学教师提供教学、教务平台技术指导，通过导学教师为学生提供学习过程中教学、教务平台技术指导。

3.6 教师团队督导

教学督导是指利用一定的科学方法和技术手段，遵循教学和教学管理的客观规律，依据一定的评价标准，对教学和教学管理活动进行监督、检查、分析、评定和价值判断，并通过价值判断及时发现教学和教学管理工作中的优点和不足，通过提倡、树立典型等手段，引导、促进教学和教学管理工作的提高。教学督导是教育管理系统中的一个重要环节，能全面、及时地反映课程教学和管理系统运行状态的信息，为控制教学和教学管理各方面的工作提供服务。

3.6.1 教学督导的内容

教学督导的工作内容，主要分为教学过程督导、课程评估两个方面。督导的范围涉及到课程教学和教学管理的全过程及网络建设、多种媒体教学资源建设等各方面。

教学过程督导指对课程教学过程的各个环节进行监督、检查，通过督导促进教学过程的优化和教学质量的提高。包括对各类教学资源、教学文件的按时到位率、教学的组织、实施、多种媒体教学资源的应用、网络传输系统的畅通、实践性教学环节的落实、教学支持服务的到位情况等进行督导。

3.6.2 督导工作的一般方法

（1）借助日常例行的教学和管理工作程序，收集数据资料，或从已有的统计结果中提取所需信息，进行分析、评价。

（2）问卷调查法。分一般调查法和抽样调查法，发放专门设计的调查表、调查问卷，进行普遍调查或抽样调查。

（3）设计量化的测评表、考核表，进行各种类型的测评、考核。

（4）个别访谈或小组座谈。与学生、教师、教学管理人员、技术人员、主管领导进行个别访谈，或召开不同类型的座谈会，广泛听取意见和反映。

（5）听课，对课堂教学设计、教学效果进行评议。

（6）实地考察。检查材料、实物、文件等。

（7）专家组或委员会评议。组织专项督导专家组或委员会，针对某一督导对象，设计评价标准，进行评议。

在常规督导工作和专项督导工作中，可根据督导工作的实际需要，选择不同的工作方法或几种方法的组合。

3.6.3 督导人员的构成

根据常规教学督导工作的需要，从课程责任教师、课程辅导教师、教育主管部门、普通高校聘请教学督导员，组成临时专项督导工作小组，开展各专项督导工作的方案规划、实施、资料统计整理、分析研究工作。

第四章 课程资历架构

《中国教育现代化 2035》提出：建立全民终身学习的制度环境，建立国家资历框架，建立跨部门跨行业的工作机制和专业化支持体系。建立健全国家学分银行制度和学习成果认证制度。强化职业学校和高等学校的继续教育与社会培训服务功能，开展多类型多形式的职工继续教育。

4.1 资历架构的概念

为了更好地理解资历架构，我们先明确几个概念。"终身学习""资历""资历系统""资历框架"。"终身学习"是指人们一生当中所采取的发挥人的潜能获得他们所需知识、价值、技能与能力的学习过程，包括正式的、非正式的学习等各种学习过程。"资历"当一个有能力的机构决定个体已经完成了确定的标准的学习结果时，经过一个评估和确认程序得到的正式结果便是一种资历。"资历系统"包括了形成和实施国家或地区关于资历、学分系统、质量保证程序、评价和授予程序、将教育和培训与劳动力市场和全民社会联系起来的其他机制等有关政策的各种方法，它是综合的、连贯的。"资历框架"由一系列的资历等级构成，旨在把不同资历进行有条理的排列。各级别的资历均明确客观的标准，让学习者清楚得知课程的定位及水平，从而制定适合自身的学习线路图，有助于促进终身学习的实现①。

资历架构的英文为 Qualifications Frameworks（QF），中文翻译也有资历框架、资格证书框架、证书体系等不同的解释，目前世界上已经先后有 152 个

---

① 资历框架与终身学习的关系及其构建的必要性．颜丽红，蒋玲玲，李玲．当代教育理论与实践．2015：50-54.

国家推行了国家层面的终身教育体系框架，例如英国教育资历框架（NQF）、澳大利亚资历框架（AQF）及欧洲资历框架，其本质是联通学术教育领域与职业教育领域，通过规范"换算标准"，统一各种类型学习成果之间的转换，在未来，可能实现地区间或国家间学习成果的认证，成为国际上学习成果转化的"美元"。

《国家中长期教育改革和发展规划纲要（2010—2020年）》中明确提出："搭建终身学习'立交桥'促进各级各类教育纵向衔接、横向沟通，提供多次选择机会，满足个人多样化的学习和发展需要。"

资历架构是将行业从业者的资历分为若干级别的框架（通常分为7级）。编制每个资历级别需要达到的能力标准，并汇总达到这些能力标准需要掌握的知识和技能。

4.2 资历架构相关经验的借鉴

4.2.1 中国香港特别行政区资历架构的框架

在全球一体化的今天，以知识为载体的经济成为各国快速发展的"引擎"，知识经济涵盖了经济制度及市场机制、人力资源开发、咨询科技的社会普及程序及知识研发与创新机制①，其中人力资源开发是制约知识经济协调发展的关键因素。我国香港特别行政区地区（以下简称中国香港地区）在面对全球经济一体化趋势的大背景下，将知识为本的经济体系作为中国香港地区提升生产力及竞争力的"砝码"，在加强人力资源方面，建构了中国香港地区资历架构，旨在促进学术、职业及持续教育的互通，帮助学习者定制自己的学习路径及职业生涯，建立终身教育的"立交桥"②。

面对全球经济一体化，科技高速发展和普及，以及中国香港地区进一步迈向知识为本的经济体系，本港的人力资源必须加强装备，提高生产力和竞争力。

---

① 知识经济与香港经济转型［J］. 谢国栋. 经济前沿. 2005（09）：29 – 31.
② 香港特别行政区教育局. 资历架构引言［EB/OL］. 香港：教育局，［2014 – 09 – 27］. http：//www. hkqf. gov. hk/guig/HKQF_intro. asp.

　　在这个剧变的过程中，设立一个自愿性的资历架构，鼓励终身学习，为持续进修建立"四通八达"的学习阶梯，促进学术、职业及持续教育的互通，帮助个人选择自己的路向和实践理想，不断自我提升，正是中国香港地区人力长远发展的关键所在。

　　2004 年 2 月，行政会议通过成立一个跨界别的七级资历架构及相关的质素保证机制。特区政府设立资历架构的目的，是要清楚说明不同资历的水平、确保这些资历的质素，以及为不同程度的资历提供衔接阶梯。

　　资历架构是一个资历等级制度，用以整理和支持主流教育、职业培训和持续进修方面的资历。并且在职业培训方面，为行业制订能力标准说明，加强行业对职业教育的领导作用，使职业培训更具成效。为确保各类型教育及培训机构所颁发的资历更具认受性，资历架构内设有质素保证机制，以巩固架构的公信力。任何资历必须先经质素保证才可获资历架构认可。

　　特区教育局现正分阶段为不同行业成立由业内雇主、雇员及有关专业团体代表组成的行业培训咨询委员会（咨委会）。至今已为 18 个行业成立了咨委会，分别是汽车业、美容业、银行业、中式饮食业、安老服务业、机电业、美发业、进出口业、信息科技及通讯业、保险业、珠宝业、物流业、制造科技业（模具、金属及塑料）、物业管理业、印刷及出版业、零售业、检测及认证业以及钟表业。

　　在构建"立交桥"的过程中，如何鉴定学习者以前的学习成果并对以前的学习成果进行认证及转换是一个非常重要环节，中国香港地区的资历架构系统通过实施过往资历认可机制来将不同背景学习者所具备的知识、技能和经验转换为资历架构所认可的学分，并对所获得的学分进行科学的累计与转换，从而实施终身教育立交桥的建设①。

　　根据行业及工作能力要求，透过行业培训咨询委员会及业界共同制定相关的能力标准说明，订明资历架构下业内各级的能力标准。当能力标准说明通过咨询及定稿后，各教育及培训机构则按照能力标准说明的要求，培训机

---

　　① 香港特别行政区教育局. 过往资历认可［EB/OL］. 香港：教育局，［2014 - 09 - 27］. http：//www. hkqf. gov. hk/guig/RPL. asp.

构可根据这些行业标准设计及编制以能力为本的培训课程。当这些课程通过香港特别行政区学术及职业资历评审局的质素保证后，便成为资历架构下认可的资历及课程①。

根据各行各业能力标准说明，发展不同级别的课程，这些级别分为 7 个资历等级制度（见表 4 – 1）。

表 4 – 1　中国香港地区资历架构的 7 个资历等级制度

中国香港地区资历架构级别	
资历架构级别	主流教育（学历）
第七级	博士
第六级	硕士
第五级	学士
第四级	副学士/高级文凭
第三级	中七/文凭/香港中学文凭
第二级	中五/证书
第一级	中三/证书

市民可以透过各级资历的能力标准，清楚自己目前的水平。同时，市民在选择报读课程时，可及时了解自己的质素情况。

资历架构所包容的资历不只局限于学历和培训所得的资历；从业员在岗位上积累的技能、知识和相关工作经验，也可以透过由各行业以能力标准说明为基础而订定的"过往资历认可"制获得正面确认，获取适当的资历，使从业员可以按照自己的资历起点，在不同阶段进修，来获取更高更广的资历。

为方便终身学习，从业人员需要灵活的修业模式，以便兼顾工作和家庭责任。将来资历架构下的学分累积及转移制度可灵活地配合个别情况，也可尽量减少重复学习的机会。借着该制度，从业人员可有系统地累积不同课程的学习及培训学分，再把累积到的学分转换成认可资历。资历架构提供共享的平台及统一的基准，有助各界别与培训机构之间安排学分累积及转移。

总体来说，资历架构不仅与工作场所相关，亦与中学教育互相扣连。我

---

① 香港的职业资历构架［J］. 李燕泥. 经济研究参考. 2009（52）：50 – 53.

们协助不同行业所制订的培训标准，应可支持在新高中学制下的应用学习课程，让学员有多元化的学习经验和选择，并掌握有关行业的基本技术要求。

4.2.2　澳大利亚职业技术学院

风靡大洋洲、欧洲和东南亚的职业技术教育学院（Technical And Further Education，TAFE）是澳大利亚全国通用的职业技术教育形式，它由澳大利亚政府开设的 TAFE 学院负责实施教育与培训。TAFE 高等文凭由澳大利亚政府颁发，相当于中国的高等职业教育层次。TAFE 是澳大利亚高等教育的重要组成部分，是联邦政府和各个州政府共同投资兴建并进行管理的庞大教育系统。澳大利亚共有 75 万普通高等院校的学生，TAFE 系统大约有 127 万学生，这个数字是澳大利亚普通高等学校在校生人数的 1.7 倍。这对只有 1870 万人口的澳大利亚来说是个可观的数字。

TAFE 每年能够提供数以千计的职业和非职业课程，这些课程大多是根据社会经济和商业生活发展的需要而设计的，非常实用。TAFE 的课程，不仅是由教育决策单位设计，工商企业界也同时参与设计课程，所以其课程可以提供学生未来就业所学的知识与技能。对于国内的三校生（正在接受中等职业教育的学生）来说，在原有专业的基础上，选一个和自己有关的 TAFE 课程，学成之后，拿到 TAFE 文凭可以直接进入每个行业当中大显身手，TAFE 的一大优势就在于此。

其次，TAFE 都采用小班制，学生可得到老师的较多帮助，而且学校的设施相当完善及现代化。TAFE 的学制一般为一到两年，在教学上比较注重小组学习和讨论，教师大多为经验丰富的专业人士，平均每班 15 到 30 名学生，教学内容是实践工作和课堂教学相结合，也有些课程采取了大学的授课方式。这对于基础相对薄弱的三校生来说，选择 TAFE 比直接选择去读大学本科更合理。而且绝大多数 TAFE 的课程可以让学生在毕业后继续攻读大学课程，所念的学科甚至可以抵免一年或一年以上的本科课程。这给国内三校生提供了一个双向选择。

澳大利亚 TAFE 的文凭得到各行业、雇主及大学的广泛认可，比如两个留学生，一个是大学本科毕业，另一个是 TAFE 学院毕业，面对同一个职位，老板选择的天平更倾向于后者，因为 TAFE 的毕业生所接受的是学以致用的职业教育，而本科学生的优势在于理论方面，要适应工作还需要一段时间的培训。如果学生工作了一段时间想继续深造，TAFE 课程的优势会进一步体现，可以到就读的 TAFE 学院所对应的大学里，继续读完一年半到两年的课程，拿到本科学位。当然录取条件是必须拿到 TAFE 课程的高级文凭①。

4.2.3 其他

资历架构在英国、新西兰、南非等国家普遍实施。在欧洲一些国家已经实行跨国的资历架构互认。

（1）欧洲终身学习资历架构

2008 年 5 月 23 日，欧洲议会和欧盟理事会一致批准由欧盟委员会建议的"欧洲终身学习资历架构"（简称"EQF"），欧盟各国可自愿采用 EQF，以鼓励公民终身学习和跨国流动。欧洲终身学习资格框架覆盖从义务教育阶段到最高层次教育和培训所能获得的各种资格以及非正式学习成果，它将知识、技术和能力分为 8 个等级，并作为中立的参考工具，建立不同学习系统的对接和不同系统资格的等值互认，促进了参与国国家资格框架的转换和衔接。其建立和衔接的经验可为我国省级学分银行建设提供有益的启示②。

（2）德国终身学习国家资格框架研究

在欧洲资格框架的影响下，德国于 2009 年公布《德国终身学习国家资格框架》，经过多年的发展，该框架已进入早期运作阶段。通过对该框架的目标、发展过程、主要内容和实施情况进行梳理和分析发现，德国在国家资格框架的开发和实施过程中具有多方面经验：科学的顶层设计；分步推进发展；突显本国特色；实施试点测试；形成广泛共识；完善支撑措施。实现了教育和培训机构与劳动力市场的有效对接，形成了透明可比的资格体系，有利于促进终身学习的发展。2013 年 5 月，德国宣布正式实施终身学习国家资格框

---

① 基于资历框架的终身教育体系：澳大利亚的模式. 张伟远，傅璇卿. 职教论坛，2014（13）：47–52.

② European Centre for the Development of Vocational Training. credit systems and qualifications frame-works：An international comparative analysis. 2010 ［EB/OL］. http：//www. cedefop. europa. eu/.

架（Deutscher Qualifikationsrahmen，DQR），标志着德国建立起以学习成果为导向、注重学习者职业能力培养、体现终身学习理念的资格框架体系，成为其"工业5.0"国家战略的关键"强化剂"①。

（3）澳大利亚资格框架（Australian Qualification Framework）

澳大利亚是国际上最早建立和实施资历框架的国家之一，搭建资历框架旨在基于统一的知识、技能和能力标准，实现各级各类教育之间的互通和衔接②。

1995年建成的澳大利亚资格框架是澳大利亚终身教育体系的重要支柱，它的建立实现了澳各教育系统间的分立与贯通，为学生在不同教育系统之间的转学或继续深造提供了权威性的保证。澳大利亚教育资历框架如图4-1所示。

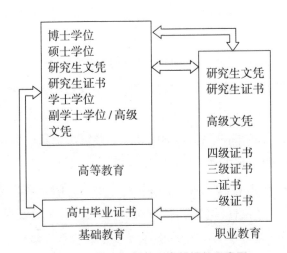

图4-1　澳大利亚教育资历框架示意图

（4）南非的资历框架

南非的资历框架建设和推行有了近20年的历史，目的在于建立一个基于

---

①　慕尼黑工业大学教师队伍建设经验及启示. 赵亚平，王梅，安蓉. 职业技术教育，2015（31）：73-79.

②　澳大利亚TAFE学院校企合作［J］. 冯梅，周谊. 教育导刊，2011（5上半月）：39-41.

教育公平的终身学习体系①。

南非政府在高等教育变革和重建的宏观背景下，通过制定一系列的政策和法规构建了由南非资格局、国家资格框架和高等教育品质委员会组成的、统一的高等教育品质保障体系。该体系具有理念上创新性、价值取向上多元性、体系上全面性、程序和策略上互补性等特色，实施情况良好②。

（5）英国的资历框架体系

英国教育资历框架（NQF）的早期发展，可以追溯到1997年"资格和课程委员会"（QCA）的成立乃至更早时候，即80年代中后期国家职业资格证书（NVQ）制度的建立。当时的"资格和课程委员会"有个重要的使命，就是"对课程、考试、评价和资历证书进行开发和现代化工作，以建立一个世界级的教育和培训体系"。因此，当时开发的教育资历框架就是一个全国性的学历框架，目前我们看到的是2005年9月1日开始生效的新版本的框架内容。新修订的国家教育资历框架将原来五级学历资格（入门级－5级）发展成为九级（入门级－8级）。其中入门级－3级保持不变，原来的5－5级分解为5个级别，分解后的5－8级与高等教育资历框架（FHEQ）相对接。其最大的特点是强化了NQF各级资格证书与高等教育机构颁发证书的匹配和对应（详见表4－2）。从广义上说，英国目前的这一教育资历框架体系具体由两部分构成：国家教育资历框架和高等教育资历框架。其中的高等教育资历框架（FHEQ）是1997年著名的《迪尔林高等教育报告》的直接产物。该报告对当时整个英国评估和质量保障机制的转向起到了奠基作用，正是在此报告基础上，英国质量保障署（QAA）开始整合多项评估项目，最终形成了英国目前的教育资历框架体系③。

---

① 建立教育公平的终身学习体系：南非的经验和教训．张伟远，傅璇卿．中国远程教育，2014（2）：16－23.

② 南非高等教育品质保障体系：框架、特色与挑战．牛长松．南非高等教育，2007（28：12）：45－50.

③ 教育资历框架的比较与思考．董秀华．上海市教育科学研究院．教育发展研究，2009（3）：52－55）.

表4-2 英国国家教育资历框架的基本构成

层次	与职业相关	与学术相关
8	职业高级证书	博士学位
7	职业证书/文凭，国家职业资格5级	硕士学位，研究生证书/文凭
6	职业证书/文凭	学士学位，本科证书/文凭
5	职业证书/文凭，国家职业资格5级	高等教育/继续教育证书 预科学位，国家高等教育文凭
4	职业证书/高级证书	高等教育证书
3	职业证书/文凭，国家职业资格3级	中学高级水平考试， 高级职业教育证书
2	职业证书/文凭，国家职业资格2级	普通中等教育证书（A-C级）
1	职业证书/文凭，国家职业资格1级 基础技能	普通中等教育证书（D-G级）
入门级	入门级证书，基础技能	

　　英国是世界上最早构建和实施资历框架的国家之一，为了建立各级各类教育横向衔接和纵向沟通的教育体系，实现终身学习的社会，进行了长期的探索和实践。现构成英国五大资历框架分别是，国家资历框架、资历和学分框架、英国高等教育资历框架、苏格兰学分和资历框架，以及威尔士学分和资历框架[1]。

　　由上述分析可以看出，各个国家和地区对教育资历框架的重视基本上是20世纪90年代中后期以来的事情。目前，各个国家和地区教育资历框架开发的程度和水平各异，也表现出不同的特点。如澳大利亚的资格框架很明显是由教育部门主导的，出发点是学生拥有一定的教育资历可以从事什么样的工作；而香港的资历架构很显然是由岗位需求主导的，即不同的岗位需要的是什么样的资格；而英国则体现了两个体系的对接。但它们也有很多共同的特点，如：几乎都是从职业资格证书制度开始的，之后逐步加进了普通教育资格的成分。

---

[1] 英国实施各级各类教育衔接和沟通的实践与教训. 张伟远，段承贵. 中国远程教育（综合版），2014.4.

因此，可以归纳出教育领域（本文针对电子商务行业与教育的融合）资历框架的实际意义。

① 教育资历框架推出的背景与主要目的

首先是经济发展的需要。全球经济一体化、科技高速发展与普及，以及向知识为本的经济体系的进一步迈进，要求必须加强人力资源开发，以提高生产力和竞争力。

其次是弹性化终身学习的需要。在社会剧变过程中，频繁换岗已成为每个人职业生涯必须面对的事实。因此相关国家和地区设立相对统一的资历架构，鼓励终身学习，为持续进修建立立交桥式的学习阶梯，促进学术、职业及继续教育的互通，帮助个人选择自己的路向和实践理想，不断自我提升。

第三是统一资历框架的需要。主要是为各行业建立一个统一而具质量保障的资历框架，明确各项资历应达到的标准，理顺资历之间的衔接安排，包括学术性资格与职业性证书体系的互通等。

第四是出于国际互认的需要。随着国际劳动力市场的逐步形成，跨境就业者日益增加，学历互认、资格证书互认等的国际互认已经提上议事日程。

② 教育资历框架的基本特点

首先是对先前的学习经历的认可。资历框架所包含的资历不只局限于学历和培训所得的资历，从业人员在岗位上积累的技能、知识和相关工作经验，也可以通过由各行业"过往资历认可"机制获得确认，获取适当的资历，使从业人员可以按照自己的资历起点，在不同阶段进修，以获取更高更广的资历。

其次是学分累积和转移系统的构建。为方便终身学习，从业人员需要灵活的学习模式，以便兼顾工作和家庭责任。资历框架下的学分累积及转移制度可灵活地配合个人需要，也可尽量减少重复学习的机会。借助于该制度，从业人员可以系统地累积不同课程的学习及培训学分，再把累积到的学分转换成认可的资历。

最后是与中等教育阶段联系紧密。正如前文所提到的，各国家和地区的教育资格框架不是一个单纯的高等教育资格框架，而是与整个教育体系结合在一起的，与中等教育的关系尤其密切。如在香港地区，资历框架不仅与工作场所相关，亦与中学教育互相扣连。香港教育统筹局认为他们协助不同行业制订的培训标准，应可支持在新高中学制下的应用学习课程，让学生有多元化的学习经验和选择，并掌握有关行业的基本技术要求①。在澳大利亚，基础教育阶段日益增加的学校职业教育与培训可作为 1 - 5 级证书和高中毕业证书的学分被认可。

③开发教育资历框架需要的配套措施

从相关国家和地区的经验看，开发全国统一的教育资历框架需要相应的配套措施和基础性工作来保证它的推行。

首先，需要一个简单而必需的法律框架和强有力的协调机构。当然，有的国家或地区是先立法然后再推行，但也有些国家和地区是先实际操作起来，在取得一定经验的基础后再慢慢将其列入立法议程。无论采取哪种方式，这中间至少要有一个非常有力的协调机构。正如上文提到的，教育资历框架是一个跨部门的综合性体系，最后出来的东西要获得别人的认可就必须提高相关部门在过程中的参与度，所以协调机构就变得非常关键。

其次，是公正公平的质量保障机制。因为资历框架涉及到多种资格证书，因此对相关资质的认可需要由一个权威的或公信力相当高的机构来实施或组织实施。

再次，产业界的参与和认可也非常关键。教育资历框架中的各种资质，都是关注教育和培训结果的，换句话说，是结果导向的（outcome - based），因为对相关资质的认可最终都归结到产业界用人单位那里。所以说，产业界在开发过程中的参与程度及其对结果的认可与否将直接关系到整个教育资格框架开发的价值和意义。

还有，教育和培训体系内部的合作与整合。教育体系内部横向上各种教育和培训机构之间、纵向上各层级的教育和培训之间都需要通力合作，以实现体系内的整合。这也是建立统一的教育框架的重要目的之一。

---

① 香港的职业资历构架［J］. 李燕泥. 经济研究参考，2009（52）：50 - 53.

最后，信息数据库建设问题。如今，教育质量保障、评估认证已经越来越多地建立在信息技术基础之上，数据的支撑因此变得非常重要。如果能够建立起权威、全面、定期更新、方便查询的相关信息数据库。

4.3 资历架构体系通用指标
——以北京开放大学电子商务专业为例

资历架构是一个跨界别的资历级别制度，涵盖学历及不同行业所需的资历，并制定出学员应达到明确的标准，以及资历之间的衔接阶梯，让学员可以自行确立职业进修的目标和就业方向，以便获取有质素保证的资历。资历架构由一系列资历等级组成，这个架构不但明确资历持有人所拥有的知识和技能，让学员及雇主可以根据此订立目标，架构并提供资历衔接途径，使学员知道怎样达到目标。资历级别通用指标并非精细的科学核证，但可以发挥比较作用，来确定某项资历在架构内所属的级别①。北京开放大学在提出电子商务行业七级资历架构前，充分考虑中国的实际情况和其他国家、地区的经验，资历架构与其他国家的资历制度原则上大致相同。

北京开放大学电子商务行业资历架构是由一至七级"资历级别通用指标"组成。通用指标包括四个方面，分别是：专业知识与技能、过程能力与方法、沟通合作与自身素质、信息素养②。每项分为1－7级，如表4－3所示。通用指标说明同一级别资历的共通特性，详细标示出每一级别的要求。现以北京开发大学电子商务行业"资历架构"的四级（相当于高职）为例，说明电子商务资历级别通用指标的构成内容，详见表4－4。

---

① 继续搭建终身学习的立交桥：HKU SPACE 的实践 [J]. 杨健明，沈雪明，郑钟幼龄，张伟远. 继续教育，2010（10）：6－8.
② 开放大学外部质量保证的实施与探索 [J]. 张岩. 现代远距离教育，2013（06）：62－68.

表4－3　资历架构内的资历级别通用指标

级别	专业知识与技能	过程能力与方法	沟通合作与自身素质	信息素养
			资历级别通用指标	
1	能够对所学专业知识初步的感性认识。 能够说出相关的基本特征和在有关情境中识别它们。 能够用所学技能进行模仿性操作。 能够将学习所得的东西用于模仿性解决问题上。 在督导或推动之下,能够运用基本工具及材料。 在推动之下,须预见及部分可确定的工作后果	主要在严谨界定及高度有规律的情况之下工作。 执行重复及可预计的工作。 履行清楚界定的职责范围	具有基本的分析能力,能够发现他人意见的误差或错误。 具有基本变革的应变能力,能够适应基本变革的阻力。 具有基本的情感智力,能够认识自己的优缺点。 具有基本的反馈能力,能够提供有价值的反馈,同时接受来自他人的直接反馈	能够了解信息以及信息素质能力在现代社会中的作用、价值与力量。 能够了解信息在学习、科研、工作、生活等各方面产生的重要作用。 能够了解这种能力是终身学习者必备的能力。 能获取筛选并选定所需基本信息
2	能对所学知识有理性的认识。 能用自己的语言进行徹述和解释基本原理与基本术语。 知道它们的由来及其他知识之间的联系。 了解知识用途并用所学技能在指导下进行尝试性操作。 在熟悉的私有人及/或日常环境下工作。 须预见及可确定的工作后果	能够寻找影响过程能力的系统因素和偶然因素,按过程规律控制这些过程能力。 能够从多个情况下选择不同的工作程序加以执行,当中可能涉及非常规的情况。 需要与其它人协调以达成共同目标	能迅速综合复杂或多样的信息。 能很容易地发现他人意见中的误差或错误。 提前仔细地制定计划以防万一。 清晰认识自己的优点与缺点	能识别描述信息所需的关键概念与术语。 能够确定不同类型的潜在信息源。 能够确定所需要信息的可用性,决定是否扩大信息搜索方法。 能够对原始信息进行必要的修改与优化

续表

级别	专业知识与技能	过程能力与方法	沟通合作与自身素质	信息素养
3	能够对专业所需的知识和技能有非常独到的理解。 能够在专业方面展示基本的知识，并使这些知识有效地用于实践。 能够运用已知基础知识与经验解决一般性问题。 能够对所学的知识有实质性的认识并与已有知识建立起联系。 能够了解专业领域的最新发展情况并思考并怎样运用	具有评价过程能力，使过程能力与过程目标相匹配。 能够在各种不同的情况下，包括这些知识及一些不熟悉的情况，运用已知的技术或未知学习技巧。 能够从既定的程序中作出重要的选择。 问有关对象作出陈述	具有一定的分析能力，能把"假定"与"客观事实"区分开。 具有较强适应变能力，能够把变革方案分成任务或可管理的部分。 能够预测潜在的不利反应并计划如何处理它们。 能够运用一套稳定的价值观体系指导日常决策。 能够分析结论与前面的讨论是否具有逻辑上的一致性	能够有效的获取所需的信息。 能够选择有效又高效的获取所需信息的途径和方法。 需要信息建构和完善有效的信息搜索策略。 能够评价搜索结果的数量、质量相关性
4	能够运用技术与专业能力促进项目与局面的拓宽。 能够通过建立一个镇密的方式，吸收广泛的知识，并专精于某些知识领域。 能够呈报及评估数据，并利用有关数据计划及制定研究策略。 能够在大致熟悉的情况下处理清楚异于熟悉的事项，但亦能够扩展至处理一些不熟悉的问题。 运用一系列专门技巧及方法以作出各种回应。 能够使用现行技术和专业经验证实项目是否可实现	过程是动态的，应不断改进过程的有效性，适应要求的变化。 在各种不同及特定的环境下工作，当中涉及一些具创意及非常规性的工作。 在规划、筛选或呈报数据、方法或资源等各方面，能够运用适当的判断。 进行日常的探讨工作，并将有关研究所探讨的论题发展成专业水平的课题	能够使用较强的分析能力，分析出问题相关的缺陷。 能够使用较强的应对变革的能力，快速且适当地应对变革的阻力。 具有基本的创造能力，能够运用横向思维。 具有基本的情感智力，能够从批评中自我改进。 能够从找不可靠地情境或假设前提	能够识别在信息搜索中的差别，必要时决定是否各修改信息获取策略。 能够记录和管理基本的信息及其来源。 能够从所收集的信息中，概括出中心思想

续表

级别	专业知识与技能	过程能力与方法	沟通合作与自身素质	信息素养
5	能够通过分析抽象数据及概念，从而产生构思。 能够掌握各种不同的专门技术，具创意或概念性的技能。 能够指出及分析日常抽象的专业问题及事项，并能作出以理据为基础的回应。 能够分析、重新组织及评估各种不同的数据	能够理解、确定具体过程的具体要求和产品的固有特性，以及形成产品固有特性的过程。 能够在一系列不同技术性、专业性或管理职能上，运用辨析及具创意的技巧。 与产品、服务、运作或流程有关的规划、技术或管理等职能，有效运用适当的判断能力	能够从表面不相关的事实放在一起形成新的看法。 具有一定的情感互动能力。 能够使用一系列谨慎的追问方式来理解他人。 能够把一个具有建设性的批评当成一个积极改进的机会。 能够寻求标准以形成合力的判断与决策	能够连通并运用原始的标准来评价信息及其来源。 能够为了评价可靠性、有效性、准确性、权威性，或者带有偏见性、检查并比较各种来源的不用信息。 能够综合中心思想，以形成新的信息。 能够对新旧知识进行对比，确认所增加的价值、矛盾性或者其他别具一格的信息特点。
6	能够在新的情境中综合地、灵活地运用所学的知识和技能来解决有关问题。 能够作出批判性地检讨、整合及扩展一套有系统及连贯的知识。 能够在某一个研究领域内，采用高度专业的技术或学术技巧，批判性地评估新数据来源、概念与理据，并发展创新论数	能够研究过程的关联性及相互作用，控制过程接口。 能够在一系列不同情况下，转换及应用辨析极具创意的技巧与产品、服务、运作资源及评估（包括寻找复杂资源及评估）有关的复杂规划、设计、技术及或管理等职能方面，有效运用适当的判断能力。 进行研究及／或高级技术或专业设计及应用合适的研究方法	具有基本的创造力与革新能力。 能够在传达领时引入恰当的方法。 具有较强的知觉洞察判断能力。 能够迅速从争论中分辨出赞成理由和反对理由。 具有坚韧性，能够挑战平庸，能够抽出时间思考，计划和行动。 能够挑战自我提高或者达到更高目标。 保持沟通清晰、简洁、客观、计划中要害。 针对不同所众，调整适当的语言和表达方式以取得一致性结论	能够有效利用信息达到某一特定的目的。 能够使用新知识创造新的计划，新的产品和表现形式。 能够把原知识与技能整合，把原有的经验转移到新的计划中

续表

级别	专业知识与技能	过程能力与方法	沟通合作与自身素质	信息素养
7	能够有效地、有创造性地解决一些非常复杂和困难的影响组织大局的问题。 能够战略上分析不同解决问题方案的风险、利益和机会。 能够指出独特的创见，将之概念化为复杂抽象的构思及数据。 在缺乏完整或一致的数据的情况下，能够处理极复杂或崭新的事项，并作出有根据的判断。 能够提出重大的、富有卓见的问题，并且探测信息源头，促进问题解决	显示出能够掌握研究及运用方略，并能进行批判性的讨论；培养对于新环境下所出现的问题及事项，提出具有创见性的解决方法	具有很好的创造与变革新能力。 能够利用经验推断迎接新挑战。 能够很好的认知、理解以及驾驭自我情感和他人情感。 能够对他人感受相对敏感，且表现恰当或者适度谦逊。 能够有计划的长期或者短期提升自己，致力于个人终生学习与发展。 具有坚定不移的沿着既定目标前进的坚韧性。 能够很好的追求自己的专业和个人的发展。	能批判性的评价信息及其来源。 能够对所遴选出的信息与原有的知识背景和评价系统结合起来。 能够应对相关信息技术在使用过程中所产生的经济、法律和社会问题，并能在获取和使用信息中遵守公德和法律

表4-4 北京开发大学电子商务行业资历结构资历级别（四级）通用指标

专业知识与技能	过程能力与方法	沟通合作与自身素质	信息素养
能够运用技术与专业能力促进项目与局面的拓宽；能够通过建立一个缜密的方式，吸收广泛的知识，并专精于某些知识领域；能够呈报及评估数据，并利用有关数据计划及制定研究策略；能够在大致熟悉的情况下处理清楚界定的事项，但亦能够处理一些不熟悉的问题；运用一系列专门技巧及方法作出各种回应；能够使用现行技术和专业经验证实项目是否可实现。	过程是动态的，应不断改进过程的有效性，适应要求的变化；在各种不同及特定的环境下工作，当中涉及一些有创意及非常规性的工作；在规划、筛选或呈报数据、方法或资源等各方面，能够运用适当的判断；执行日常的探讨工作，并将有关研究探讨的论题发展成专业水平的课题。	能够使用较强的分析能力，分析出问题相关缺陷；能够使用较强的应变能力，快速且适当地应对变革的阻力；具有基本的创造能力，能够运用横向思维；具有基本的情感智力，能够从批评中自我改进；能够寻找不可靠地情境或假设前提。	能够识别在信息搜索中的差别，必要时决定是否修改信息获取策略；能够记录和管理基本的信息及其来源；能够从所收集的信息中，概括出中心思想。

4.4 基于资历架构体系的课程建设

在课程建设中，始终将电商人才标准为核心的人才培养战略放在首位，以创建基于资历架构电商人才大数据中心、电商人才创业创新培养体系，专注于电商产业的人才供给创新，通过集聚政府政策、企业需求、高校教育、社会资源四大优势，实现政产学研创一体化的电商领域创新人才服务。课程包括专业课程体系、实训课程体系、COT素质与就业课程体系以及师资培养体系，其整体目标是培养能够面向企业、面向岗位的具有综合技能的学生，提升学生的创新意识与能力以及教师教学模式的革新，培养能够跨专业知识运用的应用型、复合型人才，达到为社会输出具有实际工作能力的人才目标，见图4-2。

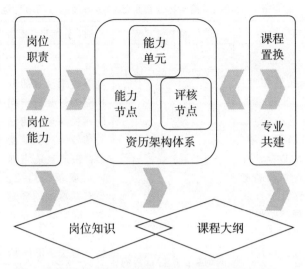

图4-2　基于资历架构体系的课程建设

4.4.1　岗位能力要求与课程知识点的对应关系

经过系统和深入细致的调查，得出结论是这样的，电子商务企业主要需要如下职能范畴：规划与运营、互联网营销、企业管理、系统开发与运维。据此设计了电子商务学科职能范畴（规划与经营、互联网营销、企业管理、系统开发与运维四个专业方向的职能范畴），如图4-3所示。

规划与运营范畴内之能力单元包括以下能力：

（1）运营数据分析

（2）网站内容规划与维护

（3）供应链管理

（4）客户关系管理

互联网营销范畴内之能力单元包括以下能力：

（1）网站数据分析

（2）整合营销手段

（3）营销策划方案

（4）客户关系管理

企业管理范畴内之能力单元包括以下能力：

（1）人力资源管理

（2）财务管理

（3）客户关系管理

（4）供应链管理

（5）市场营销管理

系统开发与运维范畴内之能力单元包括以下能力：

（1）网站设计与开发

（2）网站监测与诊断

（3）网站监测技术

（4）交易安全技术

（5）硬件架构与维护

图 4-3　电子商务行业规划与运营、互联网营销、
企业管理、系统开发与运维类职能范围图

依据电子商务学科职能范畴（规划与经营、互联网营销、企业管理、系

统开发与运维四个专业方向的职能范畴）确定了各个能力单元编号，如表4-5所示。

表4-5　能力单元编号

第一级 （前两位字母）	第二级 （三、四位字母）	第三级 （五、六位字母）
电子商务 （Electronic Business，EB）	规划与运营（planning and Operating，PO）	经营数据分析（Operating data analysis，OA）
		网站内容规划与维护（Website content planning and maintenance，WP）
		供应链管理（Logistics management，LM）
		客户关系管理（Customer service management，CM）
	互联网营销（Internet marketing，IM）	网站数据分析（Website data analysis，WA）
		整合营销手段（Network integrated marketing，NM）
		营销策划方案（Marketing planning，MP）
		客户关系管理（Customer service management，CM）
	企业管理（Business management，BM）	人力资源管理（Human resource management，HM）
		财务管理（Financial management，FM）
		客户关系管理（Customer service management，CM）
		供应链管理（Logistics management，LM）
		市场营销管理（Marketing Management，MM）
	系统开发与运维（Website system development and operation，WD）	网站设计与开发（Website design and development，DD）
		网站监测与诊断（Website test and diagnosis，TD）
		网站监控技术（Website monitoring technology，MT）
		交易安全技术（Transaction security technology，TT）
		硬件架构与维护（Hardware architecture and maintenance，HA）

例如 EBIMCM 能力单元编号代表的内容是：电子商务互联网营销方向的客户关系管理职能范畴。

4.4.2　能力单元与知识点的关系

以电子商务行业"规划与运营"职能范畴为例说明其能力单元结构，每个职能范畴涉及 7 级能力，如表 4－6 所示。

表 4－6　电子商务行业"规划与运营"职能范畴的能力单元

	1级	2级	3级	4级	5级	6级	7级
经营数据分析			使用Excel进行数据统计（3）；采购数据的统计汇总（3）；销售数据的统计汇总（3）	读懂财务报表（6）；掌握财务统计和分析系统（6）	分析销售额和毛利率（6）；分析投资回报率（6）；企业经营利润分析（6）	撰写经营数据分析报告（12）；分析行业发展趋势（6）	企业投融资渠道分析（6）
网站内容规划与维护			网站文字内容编辑、排版（6）；网站图片内容编辑、排版（6）	信息的收集、归纳和整理（3）；网站基本文案写作（6）；网站用户信息的维护（6）；网站内容管理（6）	网站广告管理（3）；网络活动的策划和设计（3）；网站频道或专题规划（12）	网站的整体构架（6）	

续表

	1级	2级	3级	4级	5级	6级	7级
供应链管理	货物包装（3）；货物存储（3）；货物搬运（3）；货物运输（3）	货品入库流程（3）；货品出库流程（3）；货品配送流程（3）；货品盘点流程（3）	操作仓库管理系统（3）；处理网购订单（3）；掌握货品采购的知识和渠道（3）	制定采购计划（3）；掌握货品销售的渠道和策略（3）	物流成本管理与控制（3）；采购成本管理与控制（3）；销售市场分析及销售方案撰写（12）	优质采购渠道的开发（6）；优质销售渠道的开发（6）	企业经营商品的市场预测和定位（6）
客户关系管理		提供产品信息（3）；提供购买建议、引导顾客购买（3）	管理用户投诉信息（6）；调查客户满意度（6）	深入挖掘调查用户需求（6）；客户信息管理（6）；应用CRM（6）；根据投诉确定赔偿措施（3）	维持和改善客户关系策略（6）；挖掘潜在客户（6）；应用技术手段辅助客户关系管理（12）	合作伙伴关系管理（6）；与竞争对手相关的客户管理（6）	

注释：表中括号内数字表示学分，例如，（3）即为3学分。

"能力标准说明"制定后，便可设计有助于学员达到指定能力标准的课程。由于能力标准是由业界制定，因此，课程能确保符合业界的要求，使雇主较容易聘请合适的技能人才，从而降低招聘错误所带来的损失，以及缩短新员工的适应期和相关的企业成本。北京开放大学构建了与"资历架构"相配套的以"能力为本"的课程开发①。"能力为本"的课程着重学习及应用工作所需的知识及技能，这些知识及技能是以行业的能力标准说明为准。因此，"能力为本"的课程必须以能力标准说明为基础设计，北京开放大学电子商务课程内容有 70% 以上取材于能力标准说明。学习内容的编排与行业所需的工作技能相关；教学和学习的环境是实际工作或模拟工作环境；学习成果评价是评估学生所达到的能力水平。由于能力标准是由行业制定的，因此课程能确保符合行业的要求。

4.4.3　知识点结构确定课程

以电子商务（企业管理方向）为例说明能力单元的设计方法（表 4-7）。

表 4-7　电子商务（企业管理方向）能力单元的设计

能力级别 ＼ 职能范畴	电子商务（企业管理方向）				
	人力资源管理（能力单元）	财务管理（能力单元）	客户关系管理（能力单元）	供应链管理（能力单元）	市场营销管理（能力单元）
1	了解劳动相关法律		理解市场价值和品牌优势、信息价值、网络化价值	熟悉电子市场的种类、了解 B2B 电子商务供应链及结构模型	传统市场与电子商务营销的区别
			知晓并挖掘潜在客户（营销人员反馈、服务人员反馈、客户的反馈等）	理解 B2B 电子商务的价值	营销环境与基础

---

① 能力课程资格：从工作中来，到工作中去［M］. 陈李翔 . 中国劳动社会出版社 . 2008（1）：22.

续表

职能范畴 \ 能力级别	电子商务（企业管理方向）				
	人力资源管理（能力单元）	财务管理（能力单元）	客户关系管理（能力单元）	供应链管理（能力单元）	市场营销管理（能力单元）
2		传统模式下与电子商务环境下企业财务管理组织的区别	技术推动支持（电话、传真、网络访问企业业务来往）	传统供应链与电子供应链的区别	电子商务营销调研
			对市场及销售活动进行规划与评估	电子商务对供应链管理的模式	消费者行为分析
			随时访问企业的业务系统，获取客户信息	电子商务对供应链的整合	电子商务营销调研
			对不同角度提供成本、利润、生产率风险率等信息；对客户、产品、各职能部门、地理区域等进行多维分析	供应链管理的模式及创新改进	
3	人际关系/团队合作的能力	筹集资金管理及正常运营	为企业提供全方位的管理视角，赋予企业更完善的客户交流能力，最大化客户收益率	订单处理	战略管理

续表

职能范畴\能力级别	电子商务（企业管理方向）				
	人力资源管理（能力单元）	财务管理（能力单元）	客户关系管理（能力单元）	供应链管理（能力单元）	市场营销管理（能力单元）
3		固定资金管理	CRM 的定义（理念、技术、实施）并通过 IT 技术具体操控实施	生产组织	市场格局划分与目标市场选择
		股权管理	客户关系管理系统类型；目标客户分类、定义目标客户	采购管理	产品和服务策略
		销售收入和利润管理	宣传管理、客户细分、营销能力	配送与运输管理	渠道策略
		流动资金管理	方位准备、问题处理、订单设定	库存管理	促销策略
		成本管理	关系管理、客户支持与服务	客户服务及支付管理	电子商务营销管理
4	评核员工工作表现及专业知识	财务管理任务	区分客户的意义、方法、步骤		市场数据分析
	编制员工培训计划	财务管理原则	客户终身价值的计算方法	供应商的评价和选择	创造消费者价值
	薪资制定、绩效考核	市场化运作	关系营销（企业与供应商、中间商、竞争者、政府、社区等）	采购周期和批量化	营销策略与操控

续表

职能范畴 能力级别	电子商务（企业管理方向）				
	人力资源管理（能力单元）	财务管理（能力单元）	客户关系管理（能力单元）	供应链管理（能力单元）	市场营销管理（能力单元）
4	安排填补职位空缺	责、权、利相结合的经济核算原则	关系营销区范围（供应商市场、内部市场、竞争者市场、分销商市场、影响者市场、招聘市场等）	采购策略和流程环节	
	多元人文管理				
5	规章制度条款制定与修改	财务管理办法	客户互动的渠道、接触点管理、方案设计	电子供应链配送管理	多元文化及社会因素对商业的影响及对策
	谈判与协商	预测、预算、财务控制、财务分析、财务检查	客户投诉的原因价值及处理方法	固定关系	品牌整合营销推广
	人力相关法律条款		数据库营销（企业与顾客之间交互式的营销处理方法）	现场装运	
	岗位及对应工作内容分析			物流服务与提供商	

续表

能力级别 \ 职能范畴	电子商务（企业管理方向）				
	人力资源管理（能力单元）	财务管理（能力单元）	客户关系管理（能力单元）	供应链管理（能力单元）	市场营销管理（能力单元）
6	企业战略管理		客户个性化的过程		营销策略与操控
	多元问题评估及解决方案		理解客户需求定制营销的类型和实现方式	电子供应链与协同商务	分部、推广、定价
	人力资源效率及成本管理		客户关系评测与维护	有效客户反应	市场管理评估
	企业文化培养与创新改革		客户关系管理软件系统	电子订货系统	市场营销角色
	团体与工作性质的变更		数据挖掘	企业资源计划	消费者行为和市场营销综合办法
	工作场所行为解读				分部、推广、定价
7	通过各岗位技术考聘通过与选拔适合企业战略用人标准		客户关系管理能力		
	有效连接带薪和无薪的工作环节				

4.5　能力单元对应——以互联网营销概论课程为例

（1）网络广告营销（见表4-8）

表 4-8　互联网营销课程的知识点（共 11 个分表）

专业方向	互联网营销	
能力科目	整合营销手段	
名称	网络广告营销	
应用范围	在互联网营销的过程中，配合企业整体营销战略，发挥网络互动性、及时性、多媒体、跨时空等特征优势，能够策划吸引客户参与的网络广告形式，选择适当网络媒体进行网络广告投放。	
级别	5	
学分	6 学分	
能力	认识什么是网络广告	◆掌握网络广告的基本概念 ◆了解网络广告的基本类型： 文本类广告； 图像类广告； 动画类广告； 视频类广告； 虚拟现实类广告 ◆了解以上各类型网络广告的特点以及适用的环境
	掌握网络广告与传统广告相比优劣势	◆了解网络广告的优势： 传播面广； 性价比高； 表现形式多样； 互动性，用户体验好； 灵活投放，风险低； 精确统计效果； 市场细分，精准度高 ◆了解网络广告的局限性： 传播的被动性； 创意的局限性； 广告位有限

续表

能力	网络广告在网络营销中的实操应用	◆掌握提高网络广告营销效果的方法： 广告设置位置； 广告面积； 图片更换速度； 关键词设置； 怎样引人注目； 动画的运用 ◆对经典的网络广告营销案例分析并能够说出其成败原因： 凡客诚品网络广告； 白加黑网络广告 ◆会制作简单的网络广告
评核指引	此能力单元的综合成效要求为： ①能够掌握网络广告的概念、分类和优劣势； ②能够分析经典网络广告的成败原因； ③能够设计简单有效的网络广告营销方案	
备注		

（2）博客营销

专业方向	互联网营销	
能力科目	整合营销手段	
名称	博客营销	
应用范围	通过博客网站或博客论坛，利用博客作者个人的知识、兴趣和生活体验等传播商品信息，达到宣传推广的作用。	
级别	5	
学分	6学分	
能力	掌握博客营销的含义、基本形式和基本特点	◆了解博客的历史，掌握博客的基本操作 ◆博客营销的基本概念 ◆博客营销的基本形式： 利用第三方博客平台开展网络营销； 企业自建博客频道；

能力		通过个人博客网站进行博客营销 ◆博客营销的基本特点： 博客作为信息发布和传递的工具； 博客文章的内容题材和发布方式更为灵活，发布信息更加快捷； 具有更大自主性，无直接费用； 信息量大，表现形式灵活； 文章更加正式，可信度更高，口碑较好； 目标精确，营销成本较低； 影响力大，引导网络舆论潮流
	博客营销目标定位	◆定义做博客营销的最终目的，是提升品牌形象，还是增加产品曝光度，等等
	博主定位和博客内容定位	◆对博主进行定位，便于下一步营销方案的策划： 企业家； 企业员工； 聘用写手； 消费者 ◆对博客内容进行定位： 内容的宽度和深度； 博客写作技巧和风格
	了解和分析成功博客营销案例	◆科宝博洛尼的"读博客抢博洛尼沙发"活动 ◆微处理器厂商 AMD 联手徐静蕾博客所做的博客推广
	博客营销实操	◆会使用博客营销来进行宣传推广
评核指引		此能力单元的综合成效要求为： ①能够掌握博客营销的定义、分类和特点； ②能够对博客营销进行目标、博主、内容定位； ③掌握博客写作技巧； ④能够根据成功博客营销案例，总结出一定的经验模式
备注		

（3）微博营销

专业方向	互联网营销	
能力科目	整合营销手段	
名称	微博营销	
应用范围	使用微博作为平台宣传企业和产品，达到市场营销的目的。	
级别	5	
学分	6学分	
	认识微博营销的基本概念	◆认识微博，学会发微博 ◆辨别微博营销与博客营销的差异，从二者的差异中深化对微博营销的认识： 信息源表现形式的差别； 信息传播模式的差别； 用户获取信息的差别 ◆掌握微博营销的理念和关键点 ◆认识微博营销的特点： 立体化；高速度；便捷性；广泛性
	掌握微博营销的技巧	◆账号认证，树立权威形象 ◆内容发布，信息尽量多样化 ◆内容更新及时有规律 ◆积极互动，提供奖品鼓励 ◆合理设置标签，吸引有共同兴趣的人 ◆获取高质量的粉丝
	掌握微博营销实战流程	◆微博定制 加V；微博模板设计；建立微群、微卖场；提供客服 ◆微博运营 微博撰写、转发、维护；重大节日及活动定制模板设计；寻找重点客户关注；追踪分析竞争对手走向 ◆微博推广 草根达人转发；意见领袖转发；文化名人转发；人气明星转发 ◆微博活动，事件炒作 活动方案策划；信息发布收集；活动亮点转发、评论；活动信息关键词监控；客户释疑、澄清、声明 ◆报告评估

续表

		◆微博 APP 应用 标准版；资讯版；商业版 ◆信息监测 舆情监控；信息分析；竞品分析；效果分析；优化方案 ◆危机公关 ◆微博广告投放 根据活动策划、事件营销及企业发展实际、制定高性价比的微博广告投放策略 ◆微博整合其他渠道营销
评核指引		此能力单元的综合成效要求为： ①能够掌握微博营销的定义和特点； ②能够掌握微博营销的原则和特点； ③能够撰写微博，经营一个微博，进行微博营销
备注		

（4）QQ 营销

专业方向	互联网营销	
能力科目	整合营销手段	
名称	QQ 营销	
应用范围	通过 QQ 群传播商品信息或做企业形象推广，达到市场营销的作用。	
级别	5	
学分	6 学分	
能力	掌握 QQ 营销的基本概念和形式	◆掌握 QQ 营销的概念 ◆掌握 QQ 营销不同形式，能够分析不同形式之间的差别，以便在制定营销策略时取舍： 群公告、群相册、群聊天、群名片、群邮件、新人报道、群动态、群社区、群共享、群活动
	掌握 QQ 营销的技巧	◆掌握寻找目标群的方法： 成员多； 活跃的群； 不加同质化严重的群

续表

		◆掌握群发广告技巧： 少而精，制作精美； 在培养群感情时加入广告； 利用群相册、群空间、群共享； 利用群邮件发软文； 发送最佳时间
评核指引		此能力单元的综合成效要求为： ①能够掌握博客营销的概念和形式； ②能够掌握QQ群营销的技巧
备注		

（5）电子邮件营销

专业方向	互联网营销
能力科目	整合营销手段
名称	电子邮件营销
应用范围	在市场推广过程中，采用电子邮件的形式，把自己的信息传播给自己的目标受众来达到营销目的。
级别	5
学分	6学分
能力	掌握电子邮件营销的概念、优势和基本三要素	◆掌握电子邮件营销的概念 ◆了解电子邮件营销的优势： 成本低廉； 针对性强； 投递准确； 受众广； 信息攻势猛烈； 免费阅读 ◆电子邮件营销基本三要素： 基于用户许可； 通过Email传递信息； 信息对用户有价值

续表

能力	掌握电子邮件营销的适用环境	◆了解电子邮件营销的适用场所： 跨地域的业务，存在长途电话成本甚至时差的业务； 网站注册或业务的推荐； 专业软件的营销宣传
	了解电子邮件营销的技巧	◆邮件内容规划与格式： 内容为客户着想、对客户有用； 不要多度销售； 个性化的邮件 ◆避免邮件被当做垃圾邮件的技巧： 避免使用垃圾邮件的敏感词和虚构字符串； 监控 IP 地址是否在黑名单里； 发送退订链接； 及时处理退信和投诉 ◆吸引读者打开你的信： 发信人：让人能够记住并产生信任感的； 邮件标题：平实的，或者个性化
评核指引	此能力单元的综合成效要求为： ①能够掌握电子邮件营销的基本概念、优点和适用环境； ②能够掌握电子邮件营销技巧	
备注		

(6) 新闻营销

专业方向	互联网营销
能力科目	整合营销手段
名称	新闻营销
应用范围	在市场营销的过程中，利用具有新闻价值的事件，或者有计划的策划、组织各种形式的活动，借此制造"新闻热点"来吸引媒体和社会公众的注意与兴趣，以达到促进销售的目的。
级别	5
学分	6学分

能力	掌握新闻营销的概念和特点	◆了解新闻的基本特点和常识，掌握新闻营销的概念 ◆了解新闻营销的特点： 营销目的：配合广告增加销量； 以热点新闻引起关注； 将产品巧妙嵌入到新闻中； 带有炒作的特征
	掌握新闻营销的分类	◆产品新闻营销 新产品上市新闻；产品测评点评；买家体验新闻；产品联动新闻 ◆企业新闻营销 重大企业时间；参与慈善活动；行业特色事件；危机公关事件 ◆CEO 新闻营销 CEO 故事访谈；发表行业性观点；社会热点点评；荣誉及社会责任 ◆文化新闻营销 企业价值理念；企业文化观；企业成长历程；品牌故事
	掌握新闻营销的营销步骤	◆按照新闻规律，结合企业需要，整合企业资源优势，精心策划新闻； ◆根据策划主题，撰写不同风格的新闻素材，提交审核以达到更好的传播效果； ◆根据新闻素材进行相应的渠道发布，以当前新闻策划目标，确定发布媒体及发布比例； ◆及时跟踪，效果反馈
	掌握新闻营销的技巧	◆新闻要有张力和煽动力，能够抓住热点 ◆做足事件点，在新闻传播的过程中不断地加入设置新鲜的"小事件"，保持动态推进，不断制造关注度 ◆嵌入产品信息和活动要不露痕迹 ◆选择适当、有规模的传播渠道 ◆举行产品推广会及终端促销活动
评核指引	此能力单元的综合成效要求为： ①能够掌握新闻营销的基本概念、特点和分类； ②能够掌握新闻营销步骤和技巧	
备注		

（7）论坛营销

专业方向	互联网营销
能力科目	整合营销手段
名称	论坛营销
应用范围	在市场推广过程中，采用论坛这一平台利用论坛这种网络交流的平台，通过文字、图片、视频等方式发布产品和服务的信息，从而达到营销目的。
级别	5
学分	6 学分
能力	掌握论坛的基本技术，了解当下比较热门的论坛	◆掌握论坛的注册、发帖、删帖、回复等基本技术 ◆了解当下比较热门的论坛及其特色
	掌握论坛营销的概念和特点	◆论坛营销的概念 ◆论坛营销的特点： 开放性的话题，满足各类营销诉求； 强大的聚众能力； 传播的连锁反应； 可以用搜索引擎技术优化内容和评估效果； 可以精确计算投资回报率
	掌握论坛营销的步骤和技巧	◆论坛的选择 人气、流量高； 与推广的内容相关； 比较容易注册马甲，对发链接的限制少 ◆帖子的设计 标题：突出、印象深、个性； 主贴：展开争议内容，巧妙传达产品信息，设置悬念； 回帖：评价适当、不一味夸奖，掩护产品信息； ◆帖子的追踪 使帖子始终处于一屏； 适当挑起争论

续表

评核指引	此能力单元的综合成效要求为： ①能够掌握论坛发帖顶贴的基本技术，了解时下热门论坛的特色； ②能够掌握论坛营销的概念和特点； ③能够掌握论坛营销的步骤和技巧，并能够运用所学在主流论坛实操论坛营销
备注	

（8）软文营销

专业方向	互联网营销	
能力科目	整合营销手段	
名称	软文营销	
应用范围	在市场推广过程中，利用发表对消费者有导向作用的文章、文字，从而达到营销目的。	
级别	5	
学分	6学分	
能力	了解软文特点和软文营销的概念和特点	◆明白什么是软文，甄别网络上的各种软文 ◆明白软文营销的概念 ◆了解软文营销的特点，在软文写作、营销中注意把握这些特点： 本质是一种低成本的广告； 可以在新闻资讯、管理思想、企业文化、技术文档、评论、包含文字元素的游戏等一切文字资源中植入； 诱使受众感兴趣； 制造信任感，通过口碑传播
	掌握软文写作的技巧	◆明白标题的重要性，掌握标题的写作技巧 标题要引人注目，力求做到一句话让人过目不忘 ◆掌握软文内容的写作技巧，灵活运用各种软文的式样来达到市场营销的目标； 悬念式；情感式；故事式；恐吓式；促销式；新闻式；诱惑式
	软文案例分析和写作	◆能够分析、评价一些营销软文案例，分析其中的好坏成败的因素 ◆能够按照市场推广的需要，根据不同的网络语境，创作软文

续表

评核指引	此能力单元的综合成效要求为： ①能够掌握软文营销的概念、特点； ②能够运用一些写作技巧实际地创作软文
备注	

（9）病毒式营销

专业方向	互联网营销
能力科目	整合营销手段
名称	病毒式营销
应用范围	在市场推广的过程中，利用病毒式营销，即利用是用户口碑传播的原理，高效传播信息，达到市场营销的目的。
级别	5
学分	6 学分
能力	掌握病毒营销的概念和特点	◆了解什么是病毒式营销 ◆掌握病毒式营销的特点： 对商家来说无成本的一种营销方式； 传播速度可以级数式增长； 被受众高效率地接受； 更新速度快
	掌握病毒营销的方法和步骤	◆整体规划，确定营销思路 ◆加入独特的创意 ◆设计信息源和信息传播渠道 ◆原始信息发布推广 ◆对营销效果跟踪管理
	分析病毒式营销经典案例	◆分析 Gmail 通过推出 1G 免费邮箱进行病毒式营销案例 ◆分析 Hotmail 通过病毒式营销在一年半时间吸引 1200 万客户

续表

评核指引	此能力单元的综合成效要求为： ①能够掌握病毒式营销的概念、特点； ②能够掌握病毒式营销的方法和步骤； ③能够能够分析病毒式营销经典案例的成功因素
备注	

（10）搜索引擎优化（SEO）

专业方向	互联网营销	
能力科目	整合营销手段	
名称	搜索引擎优化（SEO）	
应用范围	在市场营销的过程中，通过总结搜索引擎的排名规律，对网站进行合理优化，使你的网站在百度和 Google 的排名提高，让搜索引擎给你带来客户。	
级别	3	
学分	6 学分	
能力	初步了解 SEO 原理	◆了解搜索引擎蜘蛛工作原理 ◆掌握常见的 SEO 专业术语的英文表达，并理解其含义；
	掌握站外的 SEO 技术	◆高质量的内容 ◆合作伙伴、链接交换 ◆分类目录 ◆社会化书签 ◆发布博客创建链接 ◆论坛发帖或签名档 ◆购买高价值链接 ◆与 SEO 业务合作伙伴进行 SEM/SEO 整体解决方案 ◆使用 SEO 营销软件进行大面积外链建设
	掌握 SEO 内部优化内容	◆站内的链接结构 ◆title 的重新定位 ◆关键字频率 ◆网站结构调整 ◆资源应用

续表

能力	掌握 SEO 优化的步骤	◆关键词分析（关键词定位） ◆网站架构分析 ◆网站目录和页面优化 ◆内容发布和链接布置 ◆与搜索引擎对话 ◆建立网站地图 SiteMap ◆高质量的友情链接 ◆网站流量分析
评核指引	此能力单元的综合成效要求为： ①了解 SEO 原理、作用，掌握 SEO 关键术语的英文表达并理解其含义； ②掌握 SEO 内部、外部优化的内容和方案	
备注		

（11）搜索引擎营销（SEM）

专业方向	互联网营销
能力科目	客户关系管理
名称	搜索引擎营销（SEM）
应用范围	在市场营销的过程中，利用 SEM 方式，全面而有效的利用搜索引擎来进行网络营销和推广。
级别	3
学分	6 学分

能力	认识 SEM 概念的内涵	◆认识 SEM 的含义 ◆认识 SEM 的应用： 互联网； 思考行为的一部分 消费的重要环节；
	掌握 SEM 营销常用的方法	◆搜索引擎营销 ◆电子邮件营销 ◆资源合作营销 ◆网络广告营销 ◆信息推广营销 ◆网址营销方法

续表

		◆SEM 的关键词精准度 SEM 选词比 SEO 更深入、具体，在 SEO 选词标准的基础上增加两个条件：搜索该词的人，有明确的消费需求与实力；搜索该词的人，容易被转化成用户 ◆SEM 引导页的设计： 能够给用户足够的信任感； 提供的内容是对用户有帮助的； 能够解答用户心中潜在的问题； 能够促使用户留下信息或与我们取得联系 ◆SEM 中的数据监测与优化 创建科学的监测体系并不断完善
能力	SEM 关键性技巧	
评核指引		此能力单元的综合成效要求为： ①认识 SEM 概念的内涵，懂得 SEM 关键术语的含义； ②掌握 SEM 营销常用的方法和技巧
备注		

4.6　学分银行机制

4.6.1　学分银行机制——以电子商务专业为例

学分银行是指开展学习成果认证、积累与转换的专门机构，是有权威性的授证机构、学习成果认证机构与组织体系，以及包含可以运行、可以操作的一套相对完整的标准、规范、规则或规定的总和。

学分银行通过在各种不同类型的学习成果之间的横向沟通与纵向衔接，为不同人群搭建起一个实现终身学习的"立交桥"。学分银行主要特点如下：

（1）帮助学习者实现在教育领域学习获得的成绩与工作成果之间的灵活转换；

（2）积极推动教育系统人才培养模式改革，促进现行课程体系和知识体系改革；

（3）实现优质教育资源共享，促进各级教育公平的实现；

（4）促进"人人皆学、处处能学、时时可学"的学习型社会建设。

北京开放大学的学分银行是指学习者已经通过国家承认学历的其他教育形式取得合格成绩的课程或是在社会各类教育培训机构学习课程或教育部和行业部门颁发的证书，通过北京开放大学学分认定审议委员会的基准学分认定（学分转换）后，统一录入到学分银行管理系统中学习者注册的账户，当学习成绩达到一定学分数量，即可获取高等教育相关专业、相应层次毕业证书或学位证书的一种行之有效的学分管理方式。

北京开放大学通过学分银行的建立积极为学习者提供满足其个性化终身学习的学分管理系统；提供学分认定、学分积累、学分转换、学习咨询、学分查询、学分证明等与学习成果相关的管理与服务的信息化公共服务模式。项目研究过程中，对电子商务专业学习成果框架的要素、学习成果等级划分及等级描述、学习成果类型与领域划分等进行研究，进一步完善学习成果框架体系。为学习者提供灵活多样的学习机会，满足学习者个性化与多样化的学习要求及提升需求，制定学习成果框架和相关标准，建立各级各类教育衔接和沟通机制，可以为学习者继续学习提供多次选择机会，同时也满足学习者灵活多样的学习和发展需要。学习成果认证可以有效地将各级各类的学习成果和学分银行有机连接，架起终身学习的"立交桥"（鄢小平，2015）。依据国家开放大学制定的认证项目相关要求，北京开放大学对电子商务专业进行学分认证的实践，在电子商务专业建设过程中将资历架构、成果认证、学分银行三者之间的关系进行有机结合，搭建"立交桥"模式，进行学分认证的实践，探索"资历架构"和"学分银行"建设模式，为完善顶层设计上提供理论支撑和经验的借鉴。资历架构、成果认证、学分银行"立交桥"理念如图4-4所示。

图4-4 资历架构、成果认证、学分银行"立交桥"理念

4.6.2　应用举例 – 以电子商务专业为例

　　近年来，国家有关部委相继印发大力发展跨境电子商务的相关文件，全面支持国内企业开展跨境电子商务贸易。以此为契机，北京开放大学电子商务学院以国家政策为导向，积极探索电子商务领域人才培养模式，推进电子商务企业岗前培训、技能提升培训和高技能人才培训项目实施。与中国人力资源和社会保障部职业技能鉴定中心达成合作意向，双方共同举办"全国计算机信息高新技术考试合格证书"跨境电商领域非学历教育培训项目，主要针对我校电商专业学院进行岗位培训，成绩合格颁发证书。如果学生已有相关经验和能力，经考核认定，置换学分。证书分为初级、中级和高级三个级别。表4 – 9为非学历教育学习成果与认证单元比对表（高级）。

表4 – 9　非学历教育学习成果与认证单元比对表（高级）

证书名称	全国计算机信息高新技术考试合格证书	证书级别	初级
颁证机构	人力资源和社会保障部职业技能鉴定中心		
对应认证单元编码		认证单元学分	
跨境电商平台营销 1DSKJKY0602A		4	
搜索引擎营销 1DSKJKY0703A		3	
社交媒体营销 1DSKJKY0704A		3	
视频营销 1DSKJKY0505A		0.5	
邮件营销 1DSKJKY0606A		0.5	
海外广告投放 1DSKJKY0707A		1	
客户服务管理 1DSKJKY0709A		0.5	

　　下面列举例子来表示在跨境电商领域中岗位能力与学分银行认证的对应关系。从非学历教育学习成果与认证单元比对表（高级）中选择视频营销来说明。如表4 – 10所示。

表 4 - 10　视频营销

名称	视频营销
编码	1DSKJKY0705A
应用范围	电子商务→电子商务运营管理→网络营销
等级	5
学分	0.5

学习结果	评价标准
1. 掌握视频营销的基本概念、主要优势和基本要素； 2. 掌握视频营销的基本步骤； 3. 掌握视频营销内容策划的基本步骤； 4. 掌握视频优化技巧； 5. 掌握视频营销监控与评估方法	1.1 描述视频营销的基础知识 （1）基本概念； （2）优势； （3）基本要素； 2.1 描述与解释视频营销策划的步骤 （1）原则策划； （2）主题策划； （3）策划实施； （4）拍摄场景及传播方式策划； 3.1 描述与解释视频营销内容策划步骤 （1）对象分析； （2）创意策划； （3）内容策划； （4）制作策划； （5）实施策划 4.1 例证视频优化技巧 （1）视频标题的优化； （2）视频上传后的设置； （3）视频质量的优化； 5.1 描述营销效果监控与评估 （1）视频营销数据分析与统计； （2）视频营销流量追踪

开发机构	北京开放大学电子商务学院
开发日期	2017 - 03
审核机构	国家学分银行
发布日期	
终止日期	
备注	

北京开放大学的学分银行是一个开放式的教学管理系统，具有开放性、灵活性、服务性、大众化、柔性化等特点。北京开放大学的学分银行不仅承认学习者多样的学习经验，而且让更多的学习者人有机会获得高等教育，提高国民的高等教育素质。

北京开放大学电商学院通过研究基本上搭建了"继续教育学习成果认证、积累与转换"项目中电子商务领域认证单元（标准）制定与标准应用两个框架结构，并得到了有关的研究数据。今后期望在学分银行机制建设中将此研究成果加以推广和应用，通过实践检验再进一步完善。

4.7　资历架构、学分银行成果——以电子商务学院为例

北京开放大学电子商务学院（以下简称"电商学院"）基于资历框架（学分银行）开展的学历教育教学标准与职业培训标准相互认证的教学实践为例，围绕建设终身教育学习体系和学习型社会，落实学历教育与职业培训的有效衔接，搭建"终身学习立交桥"，促进各类学习成果的认证、积累及转化。

电商学院通过电子商务行业资历框架研究及行业发展需求，结合行业领域岗位职能分析和能力要求，首先确定了电子商务领域职业能力层级体系，研制出电子商务领域的能力标准。在能力标准基础上，依据教育部电子商务专业教指委和行职委对专业建设的标准要求，研究并构建了电子商务专业知识体系标准（知识体系层级学习成果框架），打通了学历教育与职业培训能力培养方案的对接。依据学分银行的基准转换规则，对学生已获技能与专业课程知识点对应，在实践基础上建立起北京开放大学电子商务专业课程体系、职业培训与证书、资历框架/学分银行三者之间互通的立交桥模型。认证单元（标准）下学历与非学历应用与转换示意图，如图 4-5 所示。

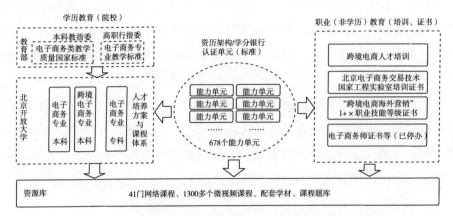

图4-5 认证单元（标准）下学历与非学历应用与转换示意图

第五章　网络教学资源库建设

5.1　网络教学资源库建设的意义

教学资源库一定要达到教师方便使用、学生乐于学习、优质资源在学习平台上实现共享的目标。电子商务专业教学资源库信息化建设的目标应该是形成教、学、做、评四位一体充分结合的教学模式，构建校企融合、政府主导、行业指导的教学机制。能够为学生提供丰富的自主学习与探究的资源，构建学生个性化的职业能力培养体系，为教师提供多样且充足的教学资源，推动教学模式不断创新、增强教学质量、为电子商务专业课程的建设以及专业人才的培养提供良好的服务平台。

5.2　网络教学资源库建设的原则

5.2.1　网络教学资源库建设总体原则

建立多角度的、开放式的教学资源库。资源库的建设是专业教学的核心，必须以教师和学生为中心，建设能够充分体现学校特点、专业特色、适应人才培养需求的教学资源，能够体现学科特点、适应学科教学的内容。

5.2.2　网络教学资源库建设具体要求

（1）平台作用。为学习者提供能够自主学习的平台，例如：Moodle 等。以学习平台为载体，提供给学生良好的学习环境和丰富的学习资料，可以满足个性化学习的学习空间等。同样教学资源库也要为教师提供良好的课程建设与教学平台。

（2）教学资源。教学资源库能够为企业和社会学习者提供资源检索、信息查询、资料下载、教学指导、学习支持服务、专业学习等。发挥人才培养、专业教学、课程培训的有效作用。

（3）双创平台。结合课程学习、专业学习中对实习实训的要求，培养符合双创型人才。资源库中引入国家级电子商务实习实训平台，加强理论与实践教学的紧密结合、学习与应用紧密结合、创新创业教育的融合，增强教学资源库的功能。

5.2.3 网络教学资源库建设原则

专业教学资源库建设的教学信息和培训遵循标准形式，应具备管理科学性、整体系统性的管理结构，坚持内容相对共享性、结构标准性、运动安全性原则以确保能够长期提供服务，保障资源库的实用性、先进性。教学资源库建设原则如图 5-1 所示。

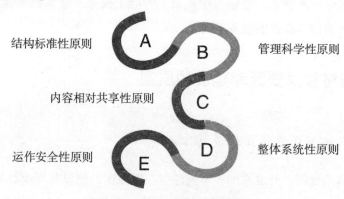

图 5-1　教学资源库建设原则

结构标准化的原则要求资源库对所涉及的资源有一个清晰的、结构化的分类，以便用户能够快速找到它；管理科学性原则要求在原有的交互作用下，自动分类和资源监督管理具有科学的效率；整体系统性原则要求资源分类是有针对性的、综合的，分散的情况是系统化的；内容相对共享性原则要求相关内容需要实际资源的数据，方便人们的调查和交互，并避免恶意的盗用；

运作安全性原则要求将资源库的操作从专业平台运行，并确保其数据的安全，以保证其长期发展。

5.3　网络教学资源库建设结构模型

教学资源库的建设是专业教学的核心，必须以教师和学生为中心，建设能够充分体现学校特点、专业特色、适应人才培养需求的教学资源。能体现学科特点、符合学科教学目标。

专业教学资源库一般包括：

专业教学标准库、专业教学资源、学习评价体系、开放实验实训环境、学习支持服务、课程建设资源库等模块，专业教学资源库的结构模型如图 5 - 2 所示。

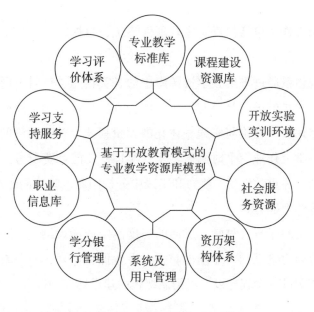

图 5 - 2　专业教学资源库的结构模型

专业教学标准库包括：制定专业培养方案、职业培养能力、人才培养规格、课程结构、课程教学标准、技能考核项目与要求、教学活动计划等内容。

开放实验实训环境是专业教学资源库中实验实训的一大亮点，它分为三大部分：校企合作实训、企业实践实验、校内实验实训软硬件设备（包括实训室、虚拟设备、虚拟背景资源、网络虚拟环境）。

资历架构体系针对电商企业岗位能力需求，制定岗位能力谱系和能力标准。再依据岗位能力谱系和能力标准，制定课程知识点，建立课程教学大纲。

学分银行管理针对课程知识点，建立学分标准，并纳入学分银行系统，构建学历之间、学历与非学历之间的学分互换机制。

职业信息库包括：电商行业企业动态信息、新闻等和职业资格认证标准。

社会服务资源包括：社会服务、校企合作项目、讲座、会议、论坛等，在社会服务资源库中，它又将社会培训、师资培训、技能培训包含其中，所涉及到的课程会包括技能竞赛、继续教育、技能取证、技术服务、名师名课、考前辅导等社会服务项目资源，包括行业企业动态及新闻、企业信息、职业资格认证标准、企业相关技术标准、企业职业岗位描述、技能培训等、知名企业链接等。

系统及用户管理包括：资源库软硬件系统、数据库系统、安全系统等建设与维护。

学习评价体系通过采集教学资源库中的各类信息，针对不同类别教学与管理过程的实时状况进行督导与评价。评价方法可以采用采用阶段评价，目标评价，项目评价，理论与实践一体化的评价模式。关注评价的多元性：结合课堂提问、学生作业、平时测验、实验实训、技能竞赛及考试情况，综合评价学生成绩。注重学生动手能力和实践中分析问题、解决问题能力的考核，全面综合评价学生能力。

课程建设资源库本着科学、严谨的态度制定教学大纲，针对专业人才岗位需求、岗位能力谱系、人才培养目标、专业课程体系、专业教学方法、素材库等方面资源进行课程建设，以精品课程的建设标准构造优质课程资源。

5.4　课程资源库建设的质量控制流程

为保证课程建设质量，聘请高校学科专家和行业企业专家对课程总体建设规划进行审核，内容包含专业培养方案、课程建设实施细则、课程教学设计规范、教学大纲等。

为适应开放教育运行模式，课程资源内容丰富，形式多样，在建设中聘请专家评审课程资源。内容包含视频、文字学材、习题库、案例库、测试题、拓展学习资料等。

在课程测试中，主要测试已经制作好的课程在平台上能否正常运行。其中技术测试包括学习平台界面、导航与链接、论坛、作业提交、WIKI、视频播放、兼容性等，如图5-3所示。

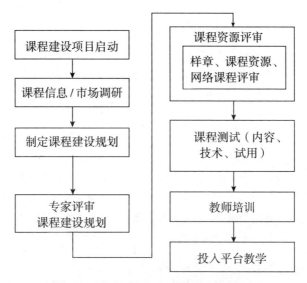

图5-3 课程资源库建设的质量控制流程

5.5 网络教学资源库建设——以电子商务学院为例

5.5.1 电子商务专业教学现状

当前，国内电子商务人才的培养呈现出多元化的趋势：从社会角度来看，有社会培训教育，也有院校教育；从培养方式角度来看，有课堂面授方式，也有网络远程教育。人才培养教育主要以企业操作型应用人才和技术型应用人才为主，对项目管理型和战略管理型电子商务人才培养刚刚起步，将技术、应用与管理结合在一起的复合型人才是现阶段最紧缺的。

当今高等教育培养人才中，电子商务专业教学还存在很多问题，建设专业资源库还有诸多问题等待解决，具体问题如表5-1所示。

表5-1　建设专业资源库存在主要问题

问题	具体现象
忽略内容资源建设	在建设电子商务专业教学资源中，忽视数字教学资源建设，而过分重视建设的平台，这样建设的结果就很难做到给师生提供全功能的的教学资源库，可能会存在某一部分资源重复或缺乏，最终结果是整个平台的功能达不到理想的状态。
制定不合理的专业课程	在各高校人才培养目标中，他们根据相应的教学目标制定不同的人才培养方案，但是设置了一系列不合理的专业课程，让院校在人才培养方面达不到有效课程资源的利用，以致于专业岗位需求和专业课程知识体系不能相适应，产生脱离实际或分离的现象，这样会导致很多学生在职业培养方面能力不足，根本无法很好地、快速地融入企业需求岗位中。
缺乏统一标准的数字化教学资源共享平台	因平台的功能、内容需求的共享性、可复制性，制作、资源开发行为需要标准化、数字化及规范化等方面缺乏教学的统一标准，教学数据资源的质量得不到保障及优化，导致平台没有办法获得标准元数据的支持，从而降低了整体系统平台的使用的效率。
院校和企业之间的合作深度不够	尽管许多高校和企业之间签订合作协议，但是这个合作只停留在"表面"上，他们之间没有形成良好的教学模式循环，在课程与人才培养方面缺乏进一步的协商，难以达成共识，在专业建设、教学资源等搭建中，没有将企业的真实情况融合进去；建设教学资源库与使用传统资源所形成的教学模式，如教学案例、课件、课后习题、考试等都不能满足学院培训人才的需要，缺乏较强的针对性和实用性。
教学理念和模式落后	数字化教学环境的教学模式与传统教学模式不同，在没有引入先进的教学理念和教学基础设施的情况下，就很容易出现人才培养与现实企业需求脱节现象，想要改变这一现象就需要教师积极改变以前的教学思维、教学观念和教学方法，学生就可以通过交互和独立学习等途径来获取知识，从而培养较强的创新能力和信息素养。

近年来，许多大学花费巨额资金搭建数字式校园，虽然连续改进很多基础设施，但是对应的教学资源数据库的建设问题却变得越来越突出。他们在

搭建教学资源数据库时，过分简洁、非标准化、重数轻质、忽视课程实训环节等现象突出，导致现代化的教学设施工作效率低、利用率低，这不但严重阴碍教育在信息技术、数字领域的使用，还将延缓电子商务高技能人才的培养。

政府设置、引导和拉动合作线方面的作用尚未发挥作用。尽管国家相关教育部门，如教育部、财政部等颁发有关政策或文件来支持和引导电子商务行业人才的培养，但当地政府在与企业合作共建专业，高校与企业之间合作共建专业教学资源库方面没有政策引导和支持，特别是高校与企业合作共建的专业教学资源库缺乏完整的体系、运营政策和规章。

高校与企业之间合作共建资源库的过程中学校热情很高，但是企业给出的反映较为冷淡。专业的教学资源主要用于各高校教职工人员的辅助教学上，但是如何为企业服务，继而服务于行业是不明显的。企业追求利益的最大化，企业与高校一起来搭建专业教学资源库与企业而言在短时期看不到给他们带来的经济效益，没有回报只有投资这样的事情企业是不会继续做下去的。

电子商务专业的资源库搭建缓慢。从目前实际情况来看，一些高校、地方政府的基金不到位，政府空有档案，没有资金。资金不够，专业教学资源库建设难以从企业中筹集资金，就会导致资源库搭建缓慢或者出问题。根据教育部和财政部文件，分别由国家、地方政府、学校三方来分摊专业教学资源数据库开发经费。

电子商务专业教学资源库建设层次参差不齐、水平不一。其具体表现在以下几方面：

（1）高校与行业企业之间的契合度不够。有部分院校建设的资源库没有最新的行业企业标准、行业企业人才标准、专业职业岗位标准、职业资格认证标准融合进资源库建设。

（2）优质资源整合度不够。建设电子商务专业教学资源库是一个巨大而又复杂的工程，各个学校都在搭建自己的资源库，行业的区域整合度不足，地方上的企业资源、教学资源、专业资源挖掘不够，尚且不说建设资金的问题，单就师资力量来言，是远远达不到的。

（3）建设资源不足。大多数院校的资源库建设就是为了应付上级的示范检查验收而建设。高校与企业之间合作建设资源库的过程中，一些大学的老师去复制粘贴，从网络上拼凑起来的资源，一些老师基本上没有做企业调查、面试、访谈，专业调研变成了一个简单的形式，人才培养方案就变成了纸上谈兵，原创性数据信息更是少之又少，这样的资源库还不如不做。

5.5.2 电子商务专业教学资源库建设思路

到目前为止，电子商务行业还没有对教学资源的统一定义，从宏观上来看是可以利用一切教育、社会条件、自然条件和物质条件的教学，以及在现代社会中完善的软件和硬件设备。从微观上看是对专业人员进行培训，并与所需要的软硬件相结合。课程和辅助材料是最基本的教学资源，但是电子商务的应用在一定程度上作为专业课堂教学的延伸和扩展，不能发挥其真正的作用。

电子商务专业的课程理论体系建设方面尚不成熟与完善。建设规范、标准的电子商务专业教学资源库，能够为企业制定电子商务岗位标准；以岗位技能为核心研发培训课程，体现企业电子商务业务增长能力和服务水平。

社会对电子商务专业人才的需求在逐步变化，行业的专业素质及其要求也在不断提高，电子商务等信息产业对高层次人才的需求不断增加，这种现象在一定程度上影响了高校电子商务专业人才的培养方案和教学模式。与此同时在建设专业教学资源数据库的内容时，必须要加快对高校具体需求加以统筹以建设教学所需求的资源库，联合专业教师和企业专家来共同设计专业课程体系，在各领域的协调课程体系，实现课程目标科学性与合理性，系统的规范性和标准性。合理安排专业课程体系，制定科学的人才培养方案，优化整合利用业内资源，促进电子商务专业教学效率与质量的提升，从而有效应对不同性质企业对电商人才的多元化需求。电子商务教学资源库建设思路如图 5-4 所示。

建设专业建设资源库要结合课程自身要求，选择合适的教材，本着科学、严谨的态度制定教学大纲，采用多样化的授课教学方式，包括针对专业人才岗位需求、岗位能力调研、人才培养目标（专业目标和职业目标）、专业课程体系（包括课程专业标准、项目实训、课程职业标准、课程定位及目标、数

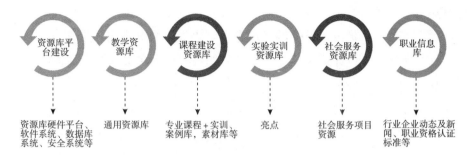

资源库平台建设　　教学资源库　　课程建设资源库　　实验实训资源库　　社会服务资源库　　职业信息库

资源库硬件平台、软件系统、数据库系统、安全系统等　　通用资源库　　专业课程＋实训、案例库，素材库等　　亮点　　社会服务项目资源　　行业企业动态及新闻、职业资格认证标准等

图5－4　电子商务教学资源库建设思路

字化教材、专业测评、自我测试等）、专业教学方法（教学模式设计、教学手段等）、素材库（试题库、案例库、音视频等）等方面资源。尤其是专业教学资源库中的实验实训资源库，是一大亮点，它分为三大部分：校企合作实训（顶岗实习、轮岗实习、校外实验实训基地管理制度等）、企业实践实验（包括生产过程、工作原理、作业流程、案例）、校内实验实训软硬件设备（包括实训室、虚拟设备、虚拟背景资源、网络虚拟环境）。

在社会服务资源库中，它又将社会培训、师资培训、技能培训包含其中，所涉及到的课程会包括技能竞赛、继续教育、技能取证、技术服务、名师名课、考前辅导等社会服务项目资源，包括行业企业动态及新闻、企业信息、职业资格认证标准、企业相关技术标准、企业职业岗位描述、技能培训、知名企业链接等。

5.5.3　建设共享型专业教学资源库平台

近年来，随着高等院校的扩招，学科覆盖面越来越大，综合性越来越强，学校之间的同一学科和相近学科也越来越多。高等院校之间可以通过校际交流、校企合作等多种方式，搭建这一平台，充分发挥企业优势，利用高等院校的教学实训经验，搭建电子商务专业教学资源库这一教育平台，继而构建终身教育体系，这是一件为社会创造良好效益的大事情。

建设这个平台可以根据市场对电子商务课程体系的引导作用，调整对人才的最新需求；可解决城区内各高等院校之间的课程实现互选、学分互认课程平衡问题。每年更新不少于10%的教学内容，持续对教学数据库更新，同时利用成熟的高新技术整合各种教学资源，以人才培养为目标，联合各省市高等示范院校、从事电子商务园区或企业，再加上整合本土化优质资源，充分发挥企业优势，设计适用学生自主学习与终身学习的教学或课程创新，满足市场的需求。

以互联网平台为基础，开放教学资源库，在院校电子商务专业教学标准、支持教学机制保障、课程体系建设、实现资源共享、实践基地和教学、综合实践项目体系开放等方面进行交流，提高资源利用率；为企业提供服务平台，设立电子商务行业标准、研发培训课程、知识基础建设，为更多的职业学生、企业员工和其他社会学习者自主学习电子商务技能、资源检索、就业和创业支撑的学习、终生学习、在职学习服务的互动开放学习平台。

5.5.4 加强教师培养与技能型人才培养

加强教师培训制度的建设，提高专业课教师的专业技能和实践教学能力。通过教学资源库更新教师专业理念，启发教学思维认识，提供教学素材，有效、快速带动他们的发展，从而带动高职院校相应专业发展；建设一支高水平的专业教师团队，注重专兼结合，改善师资结构，主动适应专业发展要求。

针对中小电子商务企业和传统企业（需要改造和升级），协助相关企业规范岗位要求，培养学生对企业的在网上店铺管理、SEO 优化、客户服务等方面的综合技能，要求学生掌握基本理论知识等，可以做到电子商务推广、编辑企业岗位要求，服务每一个岗位的商业运作以及电子商务领域的高品质人才。

通过专业标准资源库、综合实践项目库、课程及材料数据库、小型商品的在线平台、企业批量生产的电子商务平台和专业的门户网站平台建设，借助资源库自主学习平台的便利、效率和人性化设计，体现学习方式的改变。对高级职业教师和学生来说，提供电子商务工作平台、就业和创业契机、资源、技能和知识检索等，提供开放的互动和自主学习支持。

第六章　课程运行组织

2017 年 9 月至 2020 年 9 月，北京开放大学与河南安阳师范学院、贵州盛华职业学院等院校就课程改革进行了专题调研，组建实验班和对比班，并对实验班的师生开展培训，在同一学校、同一年级、同一专业的实验班与对比班开展对比实践活动，课程改革的内容包含教学目标、课程内容、教学资源配置、教学设计、师资配备、教学组织、考核机制等，课程改革研究的专业为电子商务，选择的课程为《互联网营销概论》《搜索引擎营销》两门课程，分别进行专、本科研究。

课程运行是指一套规定好的课程方案实际的运行过程。课程运行既是一个理论问题，也是一个实践性很强的问题。课程实施的过程不是简单采纳课程方案，而是一个动态的过程。

6.1　纯网络课程运行机制——以《互联网营销概论》为例

6.1.1　课程说明

《互联网营销概论》是北京开放大学电子商务专业课程，共计 4 学分（144 学时），计划学习周期 6 周。本课程是电子商务专业（互联网营销方向）的必修常规课程，采用纯网络教学模式。

课程的主要内容：从理论角度，结合案例系统地介绍互联网营销发展的历史，互联网营销的定义、功能、技术基础与应用，网络环境下的企业营销传播创新体系、理念传播机制、营销驱动模式；搜索引擎营销，服务捆绑营销分析，信息群发及 E－mail 营销，互动、参与、口碑营销，多媒体整合营销，以及在线客户消费行为分析，等等。

6.1.2　课程目标

教育思想和教育理念是课程设计的核心，是贯穿课程实施全过程的指导方针。针对学习对象主要为远程的"在职成人"，学习方式为业余学习，以及本课程为"互联网营销"专业的基础理论学科的特点，本课程在整个课程设计实施过程中采用"以学生为主体，以教师为主导"的教育思想，通过案例引出问题，启发学生举一反三，使学生在加深对理论知识理解的同时，加强对互联网营销学科体系的理解。

6.1.3　课程内容

（1）文字教材，《网络营销》姜旭平著中国人民大学出版社；《互联网营销概论学材》电子商务专业（互联网营销方向）课程组编制。

（2）录播课，共21讲，对重点内容的系统讲授。

（3）案例库，共10个案例。

（4）试题库，共300题（客观题及思考讨论题）。

（5）动画3个。

（6）《互联网营销概论》课程内容结构设计见表6－1。

6.1.4　课程组织

（1）学习资源建设原则

①根据课程目标和成人在职学习的特点，进行多种媒体学习资源一体化设计，实现多种媒体资源有机组合；

②根据课程特点，采用案例教学的教学方法，围绕互联网营销传播的相关理论及运作方法等展开教学内容；

③根据学生学习条件的差异和学习基础的差异，提供多种形式的学习资源，以满足不同学习方式的需要；

④学习资源集中建设与动态积累相结合，注意学习资源的时效性和有效性。

表6-1　《互联网营销概论》课程内容结构设计

序号	模块名称	单元名称	知识点名称	电视课（讲）	CAI课件			词条术语	中英文对照词汇表	题库（个）	案例库（个）	讲义	备注
					演示案例程序（个）	演示案例动画（个）	实验（个）						
1	课程说明		课程导学	1讲		1个							
1	互联网营销概述	互联网络的形成与发展	网络技术的形成和发展以及人们信息获取模式的改变						有			有	
2			互联网经济和电子商务的发展趋势	1讲					有	1	1	有	
3			互联网营销及其发展						有			有	
4		电子商务及其发展	营销在企业经营活动中的重要性						有			有	
5			互联网营销的概念与发展	3讲					有	1	1	有	
6			互联网营销的应用环境与技术基础						有			有	
7			互联网营销运作模式及体系创新						有			有	

续表

序号	模块名称	单元名称	知识点名称	电视课（讲）	CAI课件	演示案例程序（个）	演示案例动画（个）	实验（个）	词条术语	中英文对照词汇表	题库（个）	案例库（个）	讲义	备注
8	网络时代的营销传播	网络营销的基本概念与模式创新	营销的两大目标及其实现途径							有			有	
9			网络环境下的企业营销传播模式	2讲						有	1	1	有	
10			大众快速消费品的典型案例分析				1个			无			有	
11			客户及购买方式分析							有			有	
12		传播经营理念传播	理念传播对消费趋势的引导作用							有			有	
13			以营销策划传播经营理念，引导消费趋势	2讲						有	1	1	有	
14			互联网营销的应用模式							有			有	
15		营销驱动市场发展	关于企业营销策略定位的争论							有			有	
16			柯达公司互联网营销策略分析	2讲						有	1	1	有	

续表

序号	模块名称	单元名称	知识点名称	电视课（讲）	CAI课件	演示案例程序（个）	演示案例动画（个）	实验（个）	词条术语	中英文对照词汇表	题库（个）	案例库（个）	讲义	备注
17	网络时代的营销传播	营销驱动市场发展	驱动市场型的互联网营销策略							有			有	
18			营销理论及关注重心的转移	2讲						有	1	1	有	
19			营销策划中的定位与引导问题							有			有	
20			强生公司互联网营销策略分析							有			有	
21		服务与营销捆绑的主动促销	以人为本，满足需要是捆绑营销的前提							有			有	
22			强生公司互联网营销模式在中国的发展	2讲			1（视频）			有	1	1	有	
23			网络加速了营销策略的演化进程							有			有	
24			以营销实验创造市场，拉动需求							有			有	
25			中小企业的互联网营销战略							有			有	

续表

序号	模块名称	单元名称	知识点名称	电视课（讲）	CAI课件	演示案例程序（个）	演示案例动画（个）	实验（个）	词条术语	中英文对照词汇表	题库（个）	案例库（个）	讲义	备注
26	补充知识		在线增值服务	3讲										
27			商务网站的创建											
28			网站的宣传、推广和运作											
29	网络环境下的营销传播与运作方法	搜索引擎营销	搜索引擎的功能和分类	3讲						有			有	
30			链接方法及收费模式							有			有	
31			企业的搜索引擎营销战略							有	1	1	有	
32			从注意力、点击率到业务转换率的十要素							有			有	
33		信息群发及电子邮件营销	电子邮件营销的起源、发展和普及	1讲						有			有	
34			信息群发的方式、工具及成本-效益分析							有	1	1	有	
35			垃圾邮件的成因分析							有			有	

续表

序号	模块名称	单元名称	知识点名称	电视课（讲）	CAI课件	演示案例程序（个）	演示案例动画（个）	实验（个）	词条术语	中英文对照词汇表	题库（个）	案例库（个）	讲义	备注
36	网络营销传播与动作方法	网络整合营销传播	企业电子邮件营销策略	1讲						有			有	
37			客户参与及互动营销							有			有	
38			网上口碑营销与博客营销							有			有	
39			病毒式营销传播							有	1	1	有	
40			体验营销							有			有	
41			客户行为及营销分析							有			有	
42			互联网整合营销传播							有			有	
43	合计			21讲	无	无	无	无	每个细分知识点都有	每个细分知识点都有	每个模块1个	每个模块1个	每个知识点都有	

（2）网络学习对象分析

在网络教学中，学生和授课教师是教学活动的主要对象。但是网络课程的教学和维护是要靠更多的对象参与的。在本课程中网络课程的参与者有学生、课程主持教师、课程辅导教师、导学教师（班主任）、技术支持人员和访客（是否允许）等。

①对象的需求分析

A. 学生

学生是网络课程服务的主体。建设网络课程的目的是为了促进并方便学生的学习。因此，了解学生的需求是网络课程是否实用、适用的关键。

a. 学习需要分析

学生的期望：

通过考试，拿到学分——所有学生；

理解互联网营销的基本方法——所有学生；

能制定互联网营销的初级策略——部分学生。

现状：大部分学生对互联网营销并没有直观概念，极少数学生在平时上网中见过互联网营销的说法，但并不了解互联网营销的内涵。

学习需要：学习需要 = 期望 – 现状

b. 学习者特征分析

北京开放大学的专科层次的学生普遍年龄在 20～35 岁之间，在调查中学生们自己认为使用常用计算机设备（显示器、打印机、媒体设备等）水平熟练的占 71%；上网，检索、浏览信息水平熟练的占 78%。学生年龄小，对于网络学习的理解和实践操作没有问题。

学生的需求就是网络学习中价值的体现（包括学习内容价值的体现、学习活动价值的体现、学习效果价值的体现等），即参与网络课程正常运营中的建设并得到有效肯定。

B. 课程主持教师

课程主持教师在网络课程开发阶段通常情况是以一个课程建设团队的形式出现。课程建设团队是网络课程学习策略的设计者，是整个教学内容的把握者，网络课程初始基础内容的建设者，网络课程正常运营中的操盘手。需要懂得本课程教学要求和需要达到的学习目标，了解并随时跟踪学生学习的动态和不断变化的需求，指导课程辅导教师对学生进行有效、有益的辅导。

C. 课程辅导教师

课程辅导教师在网络课程的正常运营中起到承上启下的关键作用。课程辅导教师需要充分了解本课程的主要教学资源、教学活动和教学内容，指导学生根据自身情况进行个性化学习计划的制定，辅导并跟踪每个学生的学习过程、学习状态和学习成果。

D. 导学教师（班主任）

导学教师（班主任）是从班级管理和学生学习督促的角度出发，关注每个学生的学习过程和学习成果。根据数据督促学生参与学习活动。

E. 技术支持人员

了解网络课程开发技术和网络课程建设方案。在网络课程整体运营中负责后台维护。

②角色设计

A. 系统管理员

拥有最大权限。

B. 学生

学生注册后登录，经教师授权，学生可以创建或编辑所加入课程的 Wiki、Blog 网页，登录后的学生可以对网页进行新建和修改，经课程主持教师审批后，网页信息得到修改。（拥有对自己所建内容的私有性，允许或限制他人是否可见。）

C. 网络课程的建设团队

网络课程的建设团队作为资源的创建者，有对任何资源库进行创建、编辑、修改和管理的权限给教师和学生授权的权利，浏览注册教师和学生个人信息的权利，对个人资料进行修改的权利。在课程运营正常后由课程主持教师作为团队代表。

D. 课程辅导教师

辅导教师通过注册获得课程主持教师的授权。辅导教师不仅是使用网络课程中的现有资源，还需要创建适合自己教学需要的新资源，可以组织教学活动，监督学生学习情况等。

E. 导学教师（班主任）

班主任通过注册获得课程主持教师的授权。可以浏览查看学生学习情况记录等。撰写和发布关于课程的通知。

（3）教学资源的呈现

在本网络课程的建设过程中，将贯彻开放大学的培养目标和规格，教学内容以"必需、够用"为度，特别加强互联网营销相关知识的传授和对学生案例分析能力的培养。根据课程的特点，将选择电视课、文本、小课件、流媒体课程等主要手段呈现教学资源，利用 Wiki 讨论区、形成性考核平台等辅助学习过程的交互。

（4）模块框架结构图

模块框架结构图（见图 6－1）（对应二级页面和三级页面的呈现）：

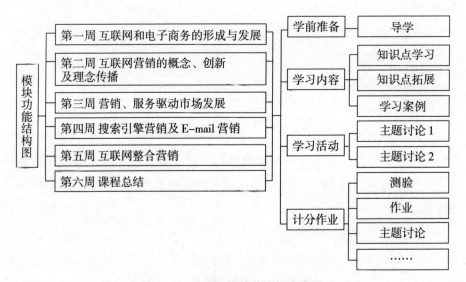

图 6－1　课程知识模块功能结构图

6.1.5　课程实施

互联网营销概论是一门理论性质的课程，但课程侧重于通过案例分析，来导入互联网营销的相关理论和方法。由于不同的企业的营销目标不同，互联网营销的方法也大相径庭。那么学生如何理解互联网营销呢？这就需要教师把握好课程内容，通过一系列的教学活动设计，使学生能够通过参与教学活动，对课程的理解和学习更为完整和全面。

本课程的学习主要是在 Moodle 环境下进行，通过网络获取相关信息。教学活动的设计与实施借助于 Moodle 教学平台，根据教学内容和目标，建立不同的主题，学生和教师可以通过平台的交流实现互动式的教与学。Moodle 的教学活动强调以学生为主，注重学生的主体性和创造性，在协作与交流的过程中，可以发挥学生群体学习的能力和主动构建的积极性。根据学习者的特点，在利用 Moodle 平台进行学习时，设计一些教学活动，可以通过思维导图、WIKI、讨论区、投票、学习笔记等方式进行探究、合作来完成相应的学习内容。

本课程教学活动的整体一体化设计（见表 6 - 2）

6.1.6　课程评价

提供渐变式评价方式。在平台运行初期，教学活动的参与各方还不能充分掌握利用 Web2.0 进行学习活动的方法和策略。因此，网络课程设计有形成性考核的"固定动作"。依据"固定动作"设计模块进行教学活动各方的行为评测与学习效果评测。

6.2　纯网络课程运行创新——以电子商务学院为例

开放教育课程运行与传统大学相比，除了课程开发、教学辅导、支持服务方面的内容外，更强调它的管理职能。在互联网＋时代，在全新的开放教育模式下，打破传统教学观念，打破教师的传统定义，给教师和课程的运行管理融入新的理念，解决网络教学中，教师少，学生多，课程难以运行，难以管理的难题，强有力的课程运行管理可以帮助提高课程实施的质量。

北京开放大学电子商务学院 2016 年春开始招生，是基于纯网络教育的教学模式。面对学生数量几何式增长，专职教师师资力量不足，外聘兼职辅导教师数量增大的情况下，电商学院以课程为中心，建立以课程责任教师为中

表 6-2 教学活动的一体化设计

序号	主题名称	知识点名称	主题设计	活动工具选用	提交成果	备注	完成时间	任务类型（教学实践活动/阶段性测验/专题讨论/主题作业）	评价方式	权重系数（%）
1	第一周 互联网和电子商务的形成与发展	互联网的形成与发展、电子商务的基本概念及EDI的发展、电子商务的分类功能应用及相关技术、电子商务相关的网络技术及目前在我国的发展	学习活动：在线总动员，一起来点名	讨论区	1. 按照讨论区要求发帖	每个学生都必须按要求回帖，记作业考勤	第1周	教学实践活动	形成性考核	1%
			学习活动：谈谈互联网的发展对你有什么影响	讨论区	2. 按照讨论区要求发帖	每个学生都必须按要求回帖，记作业考勤	第1周	专题讨论	形成性考核	1%
			学习活动：调查问卷	调查问卷	3. 提交调查问卷	每个学生都必须回答问卷并提交	第1周	专题讨论	形成性考核	1%
			计分作业：练习作业	高级文件上传	4. 提交作业	讨论"电子商务的机遇在哪里"	第1周	主题作业	形成性考核	5%
			记分作业：章节自测	测验	5. 提交测验	是计分作业的一部分，系统会自动判分	第1周	阶段性测验	形成性考核	10%
			课堂活动：自我介绍、分组讨论	面授活动	不提交	需学生积极参与课堂活动	第1周	课程活动	形成性考核	1%

续表

序号	主题名称	知识点名称	主题设计	活动工具选用	提交成果	备注	完成时间	任务类型（教学实践活动/阶段性测验/专题讨论/主题作业）	评价方式	权重系数（%）
2	第二周 互联网营销的概念、创新及理念传播	互联网营销的基础理论及模式创新、P&G各品牌的互联网营销、传播网营销理念、引导消费趋势（上）（下）	学习活动：比较surface平板电脑与ipad平板电脑的区别	讨论区	1.按照讨论区论坛要求发帖	每个学生都必须按要求回帖，记作考勤	第2周	专题讨论	形成性考核	1%
			学习活动：比较公司与营销网站的不同	讨论区	2.按照讨论区论坛要求发帖	每个学生都必须按要求回帖，记作考勤	第2周	专题讨论	形成性考核	1%
			计分作业：项目方案一	高级文件上传	3.方案撰写	拟设企业/产品，分析其营销网站的定位与理念传播是否与目标客户契合	第2周	主题作业	形成性考核	10%
			课堂活动：小组抢答、小组讨论	面授活动	不提交	需学生积极参与课堂活动	第2周	课程活动	形成性考核	1%

续表

序号	主题名称	知识点名称	主题设计	活动工具选用	提交成果	备注	完成时间	任务类型（教学活动/阶段性测验/专题讨论/主题作业）	评价方式	权重系数（%）
3	第三周 营销、服务驱动市场发展	营销驱动市场发展（上）（下）、服务与营销捆绑的主动促销（上）（下）	学习活动：根据投票内容证明自己的观点	讨论区	1. 按照讨论区论坛要求发帖	每个学生都必须按要求回帖，记作勤	第3周	专题讨论	形成性考核	1%
			学习活动：产品对客户黏度的重要性	讨论区	2. 按照讨论区论坛要求发帖	每个学生都必须按要求回帖，记作勤	第3周	专题讨论	形成性考核	1%
			计分作业：项目方案二	高级文件上传	3. 方案撰写	将本周重难点知识点结合此前选定的企业进行选用，学会结合营销理念设计服务手段	第3周	主题作业	形成性考核	10%
			课堂活动：小组讨论	面授活动	不提交	需学生积极参与课堂活动	第3周	课程活动	形成性考核	1%

续表

序号	主题名称	知识点名称	主题设计	活动工具选用	提交成果	备注	完成时间	任务类型（教学实践活动/阶段性测验/专题讨论/主题作业）	评价方式	权重系数（%）
4	第四周 搜索引擎营销及电子邮件营销	搜索引擎营销（上）（中）（下）、电子邮件营销	学习活动：如何通过互联网解决实际问题	讨论区	1. 按照讨论区论坛要求发帖	每个学生都必须按要求回帖，记作考勤	第 4 周	专题讨论	形成性考核	1%
			学习活动：分析电子邮件营销	讨论区	2. 按照讨论区论坛要求发帖	每个学生都必须按要求回帖，记作考勤	第 4 周	专题讨论	形成性考核	1%
			计分作业：项目方案三	高级文件上传	3. 方案撰写	将本周重难点知识点结合此前选定的企业进行应用，学会制定简要的 SEM 方案	第 4 周	主题作业	形成性考核	10%
			课堂活动：小组讨论	面授活动	不提交	需学生积极参与课堂活动	第 4 周	课程活动	形成性考核	1%

续表

序号	主题名称	知识点名称	主题设计	活动工具选用	提交成果	备注	完成时间	任务类型（教学实践活动/阶段性测验-专题讨论/主题作业）	评价方式	权重系数（%）
5	第五周 互联网整合营销	网络整合营销	学习活动：举例说明网络整合营销的一致性	讨论区	1. 按照讨论区论坛要求发帖	每个学生都必须按要求回帖，记作考勤	第5周	专题讨论	形成性考核	1%
			学习活动：简要说明病毒式营销传播方式的特点	讨论区	2. 按照讨论区论坛要求发帖	每个学生都必须按要求回帖，记作考勤	第5周	专题讨论	形成性考核	1%
			计分作业：（企业/产品名）互联网营销策划案	高级文件上传	3. 策划案撰写	将本课程知识融会贯通，梳理互联网营销的模式和运作关键点，综合前三周内容，项目方案撰写一个完整的互联网营销策划案	第5周	主题作业	形成性考核	20%
			课堂活动：小组讨论、经验分享	面授活动	不提交	需学生积极参与课堂活动	第5周	课程活动	形成性考核	1%

续表

序号	主题名称	知识点名称	主题设计	活动工具选用	提交成果	备注	完成时间	任务类型（教学实践活动/阶段性测验/专题讨论/主题作业）	评价方式	权重系数（%）
6	第六周课程总结	无知识点内容，课程重难点答、课程总结和回顾	学习活动：谈谈在学习《互联网营销概论》这门课程时所遇到的疑惑，哪些知识点比较难理解	讨论区	1. 按照讨论区要求发帖	每个学生都必须回帖，记作考勤	第6周	专题讨论	形成性考核	1%
			学习活动：学习了《互联网营销概论》后，谈谈你对后续课程的期望	讨论区	2. 按照讨论区要求发帖	每个学生都必须回帖，记作考勤	第6周	专题讨论	形成性考核	1%
			学习活动：调查问卷	调查问卷	3. 提交调查问卷	每个学生必须回答问卷并提交	第6周	专题讨论	形成性考核	1%
			计分作业：期末测验	测验	4. 提交测验	是计分作业的一部分，系统会自动判分	第6周	阶段性测验	形成性考核	15%
			课堂活动：答疑、项目方案分享	面授活动	不提交	需学生积极参与课堂活动	第6周	课程活动	形成性考核	1%

心的扁平化课程管理模式，能够保证课程教学质量，并使课程正常运转，这个管理模式包含核心层级与辅助层级。

6.2.1 开放教育课程运行核心层级

课程核心层级包含课程责任教师、课程内容管理、课程辅导教师、课程导学教师、课程质量控制五个方面的内容。

（1）课程责任教师与课程内容管理的关系

课程责任教师的一个重要职能是课程内容的管理，这里包含课程的建设、课程内容的及时更新和课程的维护，课程责任教师需要有较高的专业素养的要求。

（2）课程责任教师与课程辅导教师的关系

课程责任教师在开课前联系辅导教师，帮助辅导教师报名参加学校上岗培训，辅导教师持证上岗；在开课前与辅导教师联系，给辅导教师评分标准并对辅导教师进行课程内容培训；开课前一周及时通知辅导教师开课时间；在课程中随时给予辅导教师课程内容及学习规则的指导，及时处理突发事件；开课后督促辅导教师撰写总结及上传成绩。

（3）课程责任教师与课程导学教师的关系

课程责任教师在开课前给导学教师所有辅导教师名单及联系方式；在开课中处理导学教师与辅导教师沟通不畅引起的问题；在开课中与导学教师联系督促未及时学习的同学。

（4）课程责任教师与课程质量控制的关系

课程在责任教师要做到事前质量控制，做好课程内容的核查；要做到事中质量控制，一方面检查辅导教师教学质量，是否有未回答帖子或是未改作业给与及时提醒，另一方面检查学生考勤与学习效果，与导学教师及时沟通提醒；还要做到事后质量控制，通过数据可以看到每位辅导教师的教学效果，针对辅导不到位的老师，下次不予聘请，还可以查到班级学生学习的效果，及时调整学习内容。

6.2.2　开放教育课程运行辅助层级

辅助层级包含学院的教务处、学院导学教师组、学院督导组、学院技术支持组。这些部门一般都由课程责任教师与之对接，是对核心层级工作的有益补充。

从电商学院的课程运行模式可以看出课程责任教师不仅要有较高的专业素养更要有较高的管理沟通能力。课程责任教师与课程教学各个环节的人员进行沟通、管理、监督，能够以最快速度接收问题并解决问题的模式，符合现代网络教育新模式的发展特征，见图6-2。

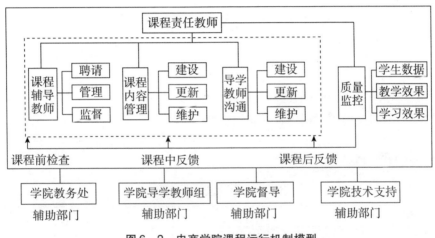

图6-2　电商学院课程运行机制模型

6.3　面授课程运行——以《互联网营销概论》为例

6.3.1　课程说明

《互联网营销概论》课程是XX师范学院电子商务课程，共计4学分（72学时），计划学习周期6周。本课程电子商务专业（互联网营销方向）的必修常规课程，采用面授教学。

6.3.2 教学目标

（1）了解网络营销的内涵、特点和发展
（2）熟悉网络营销的常用工具和营销策略与策略
（3）了解网络营销的相关理论
（4）能够进行网络营销策划

6.3.3 教学重点

（1）网络营销的内涵和特点
（2）网络营销的相关理论
（3）网络营销的常用工具和营销策略

6.3.4 教学难点

（1）网络营销的内涵和特点
（2）网络营销的常用工具和营销策略

6.3.5 课程内容

表6-3 课程内容

周数	内容	学时
第1周	互联网络和电子商务的形成与发展	8 学时
第2周	互联网营销的概念、创新及理论传播	12 学时
第3周	营销、服务驱动市场发展	12 学时
第4周	搜索引擎营销及 E-mail 营销	16 学时
第5周	互联网整合营销	16 学时
第6周	课程总结	8 学时
合计		72 学时

6.3.6 课程组织

（1）学习对象分析
①学生对微博、博客、社区等网络应用比较熟悉，能够熟练使用互联网

查找资料。

②学生对新鲜事物很感兴趣，对网络热门事件比较敏感。

③知道一些网络推广的方法但并没有系统的网络营销概念。

（2）学习资源

选用课本《网络营销》姜旭平著，中国人民大学出版社

6.3.7 课程实施

教学安排：每周一次，每次两节面授课程

教学方法：

讲授法：教师通过语言表达给学生讲授知识，教师需要熟练掌握教材内容，对讲授的知识要点、系统、结构、联系等做到胸有成竹；教师教学语言要准确，且有严密的科学性、逻辑性；教师讲授的内容须是教材中的重点、难点和关键，使学生随着教师的讲解或讲述开动脑筋思考问题，讲中有导，讲中有练。

案例法：给出实际工作中遇到的问题，指导学生分析问题、判断问题、解决问题。

演示法：教师上课时，通过展示图片或是通过计算机进行互联网营销后台数据操作的方法，这种方法能清晰准确的给学生直观的感受，一般与讲授法结合使用。

讨论法：结合当下流行的互联网营销手段或是事件，让学生组成小组进行讨论，以此来提高学生分析问题的能力及独立思考的能力。

6.3.8 课程评价

平时成绩：考勤＋作业，占30%

期末考试：闭卷考试，占70%

6.4 混合式课程运行——以《互联网营销概论》为例

6.4.1 课程说明

《互联网营销概论》是电子商务专业课程，共计 4 学分（72 学时），计划学习周期 6 周。本课程采用线上 + 线下的混合教学模式，线上部分提供教学视频、学材、线上讨论（包含小组形式），客观选择题、大作业（互联网营销策划方案）等形式；线下采用教师面授的形式，把平时作业、答疑都放在网络进行。

6.4.2 课程目标

开展和落实以学生为本的质量教育理念，使学生在掌握互联网基本概念，核心营销手段的基础上，一定要让学生产生"互联网思维"，用"互联网思维"去看待、去体会、去深入认知互联网营销。就广度方面，学生要按照顺序性、连续性、关联性、整合性去了解所有的互联网营销手段；就深度方面，就现在常用的几种互联网营销手段进行深入分析，能撰写简单的网络营销策划案，并力求使学生明白互联网营销的本质。

6.4.3 课程内容

线上内容：

（1）文字教材，《互联网营销概论学材》电子商务专业（互联网营销方向）课程组编制

（2）录播课，共 21 讲，对重点内容的系统讲授

（3）案例库，共 10 个案例

（4）试题库，共 300 题（客观题）

（5）动画，3 个

（6）作业：4 个（撰写小报告）

（7）PPT：一套

线下内容：《网络营销》姜旭平著，中国人民大学出版社

6.4.4　课程组织

（1）学习平台（图6-3）：

北京开放大学学习平台具有51项学习功能，基本能够满足老师的各种教学要求。

课程内容功能	学生学习功能	交流与合作功能	作业和评估功能	课程管理与技术管理功能	评价和质量保证功能
网络学习资源	电子学习笔记	电子邮件	作业和考试提交时间表	电子月历	教学活动追踪
音视频讲座	在网络学习材料上划重点	网上讨论区	自我测试	网上课程注册	学生学习活动追踪
流媒体课件	电子标签	网上聊天，MSN，QQ	电脑自动评分	网上课程通知	教学过程追踪
补充材料联接	思维导图	电子白板	网上提交作业	网上课程内容管理	教师问卷调查
课程网站搜索工具	电子学习档案袋	学习小组	网上接收作业反馈	网上自测管理	学生问卷调查
		文件共享	作业及考试时间表	网上评分管理	电子邮件反馈
		学生个人网页			课程意见反馈区
		虚拟教室			
		博客、Facebook			

图6-3　学习平台学习功能汇总图

（2）教师队伍

课程责任教师：主要负责网络课程的建设、更新与维护。在采取混合式教学模式下，课程责任教师的角色与面授课教师角色融为一体，要掌握教学内容；要会使用信息化的平台，制作网络课程，使线上、线下课程目标一致；要能够分析学生学习行为，改进课程。这对教师来说既是机遇又是挑战。

辅导教师：主要负责在网络上回复学生的讨论、作业及答疑。在采取混合式教学模式下，课程辅导教师与面授课助教角色一样，只是工作的场所由线下变为线上，工作的内容由批改纸质版作业改为线上批改，答疑形式多样化，可进行线下答疑，也可进行线上直播答疑或是留言答疑，提供学习支持服务。

导学教师：主要是负责学生除教学外的其他问题答疑，并督促学生完成线上考勤及作业。在采取混合式教学模式下，课程导学教师与面授课班主任

角色一样，班主任对学生的学习情况掌握的更加及时、充分，与学生的沟通也更加顺畅。

在某些情况下，课程责任教师、课程辅导教师有可能由同一人担任，这样并不冲突，而是更有利于教学活动的开展。

6.4.5　课程实施

课程实施的过程就是把课程目标、课程内容、课程组织三者形成课程教学方案，采用不同的教学手段进行教学行为的过程。在这里我们采用的是面授和网络各占50%的混合式课程运行方案。

（1）教师主导的学习。面授课的学习以老师的讲授为主导，教师控制整个教学的过程和节奏，教师在课程中可以根据学生的状态及时调整教学节奏，以达到最好的教学效果；教师可以用自己的语言、动作、音调来引导和鼓励学生，传递正能量，整个过程教师不仅传递了知识也传递了自己的价值观。

（2）学生主导的学习。网络课程的学习以学生的自主学习为主，学生可以自主合理安排学习时间和学习内容，也可以对学习内容进行有选择性地观看，更有利于查漏补缺；培养了学生的自主学习能力；网络教学内容互动性强，对学生具有粘性；注重学生的主体性和创造性，在协作与交流的过程中，可以发挥学生群体学习的能力和主动构建的积极性。

网络课程中，辅导教师一方面与学生互动，答疑解惑，帮助学生更好的完成自主学习的过程；另一方面在学习平台后台可以查询学生的网络学习轨迹。如：学生学习时长、学习偏好、学习时间等内容，更有助于面授课内容的讲解。

（3）面授与网络学习同步进行。两者之间是相辅相成、互相促进的，自主学习者可以在网络上提前预习也可进行课后复习，面授课后小组作业可在学习平台实现，所以两者同步是一种较好的学习状态。

（4）教学活动。（表6-4教学活动安排情况表）

教学活动的实施重在教师的引导和带领。在活动中教师的参与是全程的，既注重前期的教学活动设计，也重视学习过程的参与。以教师设计好的学习任务为主线，以促进学生之间的沟通与协作为出发点，学习过程采用多种形式的交互手段。要强调如何引导学生充分利用多样化的学习资源以及如何在学习上给予支持，强调为学生提供沟通、协作的机会，鼓励学生参与讨论、积极思考、培养分析问题的能力。

表6－4　教学活动安排情况表

第1周：互联网络和电子商务的形成与发展		
内容	分值	对应目标
学习目标		
1.1 梳理当代社会互联网发展的三大趋势 1.2 举例说明网络营销的分类、功能以及应用特点		全部
学习材料		
学材章节　导学手册（电子版）		全部
《互联网营销概论》学材第一周		全部
教材章节　《互联网营销概论》P3－P35		全部
多媒体材料　互联网络的形成与发展		1.1
电子商务的基本概念机 EDI 的发展		1.2
电子商务的分类、功能、应用及相关技术		1.2
电子商务相关的网络安全技术及目前在我国的发展		1.2
面授		
破冰活动　老师和同学互相介绍认识		
重难点解析　重点： · 网络技术的形成和发展 · 当代社会互联网发展的三大趋势 · 电子商务的分类、功能等基本概念 · 网络营销的功能与特点 难点： · 网络营销运作模式及体系创新 · 电子商务的发展机遇		全部
课堂讨论— 营销基础　积极参加课堂讨论	1	全部

续表

第1周：互联网络和电子商务的形成与发展		
学习活动		
论坛讨论—参与	由导学老师组织学生在线上进行第一次互动，并组建学习小组，以促成良好的学习氛围。同时对本周的出勤进行考核。 详细活动步骤： 登录学习平台 点击第一周"学习活动"中的"在线讨论"进入论坛 按照论坛中的题设要求进行讨论	2	
调查问卷—参与	一份调查问卷，通过问卷简单测试一下各位学生是否了解与本课程相关的平台的主要工具模块。 登录学习平台 点击第一周"学习活动"中的"您熟悉课程资源了吗?" 按照题设要求进行选择并保存问卷	1	
作业		
主题讨论：电子商务的机遇在哪里	详细活动步骤： · 登录学习平台 · 点击第一周"学习活动区"中的"主题讨论：电子商务的机遇在哪里?" · 按照论坛中的题设要求，结合你自己选定的案例背景进行以下内容的讨论：有人说电子商务的最大好处是节约纸张、人力成本和差旅费，你同意这种观点吗? 有观点认为：由于地域、文化水平和应用普及上的差异，电子商务并不适合于广大农村等网络不发达地区，你如何看待这种观点?说说网络环境和电子商务的机遇在哪里?	5	1.1

续表

第1周：互联网络和电子商务的形成与发展			
章节测试	活动步骤： 第一步进入第一周作业模块 第二步点击"现在预览测验"进入答题状态 第三步点击提交所有答案并结束答题 活动规则： 有两次答题机会，两次答题时间间隔至少为30分钟，每次答题不得超过60分钟 两次答题要注意认真阅读题干和选项，因为每次题干和选项会随机排列 ·将选取学生最后一次的答题成绩作为最终成绩 在每次答完试题后，系统会自动反馈学生成绩 活动评价： 章节测验是系统自动判题，学生答完题后便可以知道成绩，既快又准。	10	全部

第2周：互联网营销的概念、创新及理念传播			
	内容	分值	对应目标
学习目标			
	2.1 分析基于营销网站的企业营销传播模式及典型应用案例 2.2 举例说明企业如何通过互联网传播经营理念从而引导消费趋势		全部
学习材料			
学材章节	《互联网营销概论》学材第二周		全部
教材章节	《互联网营销概论》P43－P90		全部
多媒体材料	网络营销的基础理论及模式创新		2.1
	案例分析：P&G 各品牌的营销网站创建		2.1
	传播经营理念、引导消费趋势（上）		2.2
	传播经营理念、引导消费趋势（下）		2.2
面授			

续表

第2周：互联网营销的概念、创新及理念传播			
课堂讨论	积极参加课堂讨论	1	全部
重难点解析	重点： 营销的两大目标及其实现途径 网络媒体在传播经营理念上的特点与优势 不同的购买模式和购买行为分析 营销网站与一般公司网站的不同 难点： 分析 P&G 的品牌营销网站 分析亨氏案例，学习企业通过互联网进行传播经营理念促进消费的方法		全部
学习活动			
论坛讨论—参与	论坛讨论：对本周的出勤进行考核 详细活动步骤： 登录学习平台 点击第二周"在线讨论" 按照论坛中的题设要求进行讨论	2	2.1
作业			
项目方案一：	方案目标： 拟设企业/产品，分析其营销网站的定位与理念传播是否目标客户契合。 方案内容： 任选一个企业的产品/服务，结合案例对宝洁公司产品的分析，对你所选择的企业进行以下方面的分析： ·该企业/产品的目标客户分析 ·该企业/产品的营销网站主题是什么？对目标客户有吸引力吗？给出的购买理由充分吗？ ·该企业的营销理念是什么？该营销网站向目标客户传递的营销理念是什么？	10	2.1

第3周：营销、服务驱动市场发展			
	内容	分值	对应目标
学习目标			
	3.1 分析关于企业营销策略定位的争论 3.2 举例说明如何通过网站抓住客户、传播经营理念，达到营销目的 3.3 运用强生案列，分析企业主动营销、互动营销的过程		
学习材料			
学材章节	《互联网营销概论》学材第三周		全部
教材章节	《互联网营销概论》P92 – P142		全部
多媒体材料	营销驱动市场发展（上）		3.1
	营销驱动市场发展（下）		3.1
	服务与营销捆绑的主动促销（上）		3.3
	服务与营销捆绑的主动促销（下）		3.3
面授			
重难点解析	重点： 网络营销策略定位 捆绑营销模式的前提、主要手段和终极目的 以服务捆绑营销模式（强生模式）的关键要素 难点： 营销策划中的定位与引导问题 对比驱动市场型的网络营销策略和市场驱动型的网络营销策略 中小企业的网络营销策略		全部
课堂讨论	积极参加课堂讨论	1	全部
学习活动			

续表

第3周：营销、服务驱动市场发展			
论坛讨论—参与	论坛讨论：对本周的出勤进行考核 详细活动步骤： 登录学习平台 点击第三周"论坛讨论" 按照论坛中的题设要求进行讨论	2	3.3
作业			
项目方案二	方案目标： 将本周重难点知识点结合此前选定的企业进行应用，学会结合营销理念设计服务手段。 方案内容： 继续上周确定的企业、产品，结合本周学习的内容，按下列要求继续完善项目方案： ·如果请你来为该营销网站进行重新策划，你会对其营销网站提出什么样的修改建议？如何才能驱动市场和需求的发展？ ·简述你对该企业印象最深的服务。 ·请你为该企业/产品设计一项服务，配合互联网营销推动该企业/产品销售或增加知名度	10	全部

第4周：搜索引擎营销及电子邮件营销			
	内容	分值	对应目标
学习目标			
	4.1 归纳搜索引擎的功能和分类、链接方法与收费模式 4.2 总结说明企业电子邮件营销策略的关键要素		
学习材料			
学材章节	《互联网营销概论》学材第四周		全部
教材章节	《互联网营销概论》P205－P251		全部

续表

第4周：搜索引擎营销及电子邮件营销			
多媒体材料	搜索引擎营销（上）		4.1
	搜索引擎营销（中）		4.1
	搜索引擎营销（下）		4.1
	信息群发及 EMAIL 营销		4.2
面授			
重难点解析	重点： ·搜索引擎的功能和分类 ·链接方法及收费模式 ·从注意力、点击率到业务转换率的八大要素 难点： ·企业的搜索引擎营销策略及案例分析 ·企业 E－mail 营销策略的关键要素		全部
课堂讨论	积极参加课堂讨论	1	全部
学习活动			
论坛讨论—参与	论坛讨论：对本周的出勤进行考核 详细活动步骤： 登录学习平台 点击第四周"论坛讨论" 按照论坛中的题设要求进行讨论	2	4.3
作业			
项目方案三	方案目标： 将本周重难点知识点结合此前选定的企业进行应用，学会制定简要的 SEM 方案。 方案内容： 仍然结合此前选定企业/产品，对该企业/产品进行分析并按下列要求完善方案： ·按照关键词选择的原则，选择适当的关键词 ·确定定位广告的内容 ·选择适当的搜索引擎载体进行推广，并说明为什么要选择该搜索引擎 ·写一封 E－mail 营销邮件，配合搜索营销进行同步推广 ·制定具体营销推广预算方案	10	全部

续表

	内容	分值	对应目标
第5周：互联网整合营销			
学习目标			
	5.1 总结互联网整合营销传播的关键点 5.2 参考宝马营销案的策划步骤制作简单的微博营销策划案		
学习材料			
学材章节	《互联网营销概论》学材第五周		全部
教材章节	《互联网营销概论》P253 – P278		全部
多媒体材料	网络整合营销传播		全部
面授			
重难点解析	重点： · 整合营销传播的媒体、工具以及信息获取方式 · 网上口碑与营销传播 难点： · 微博营销策划过程		全部
课堂讨论	积极参加课堂讨论	1	全部
学习活动			
论坛讨论—参与	论坛讨论：对本周的出勤进行考核 详细活动步骤： · 登录学习平台 · 点击第五周"论坛讨论" · 按照论坛中的题设要求进行讨论	2	全部
作业			

续表

第5周：互联网整合营销			
__（企业/产品名）互联网营销策划方案	方案目标： 将本课程知识进行融会贯通，梳理互联网营销的模式和运作关键点，综合前三周项目方案内容，撰写一个完整的互联网营销策划案。 方案内容： 归纳前几周的方案内容，融合课程中所讲到的营销手段，将前几周的方案进行整合，制定该企业/产品的整合营销方案，需包含以下内容： ·该企业/产品的特征、目标客户分析 ·该企业的营销理念与定位分析 ·营销网站的主题、定位，修改建议 ·为该企业/产品针对营销网站内容进行的针对性的服务营销设计 ·SEM营销方案：包含关键词库和定位广告两方面内容 ·电子邮件营销方案 ·结合企业/产品特征，进行一个微博、视频整合营销方案的策划	20	全部

第6周：课程总结			
	内容	分值	对应目标
学习目标			
	6.1 对优秀方案的点评和分享 6.2 通过期末测验巩固课程理论知识点		
面授			
重难点解析	老师重点剖析本周内容的重难点 ·《互联网营销概论》知识串讲 ·方案共性问题和个性问题进行讲解和分享 ·结合实证案例分析 ·当下热点专题		全部

127

续表

第6周：课程总结			
课堂讨论	积极参加课堂讨论	1	全部
学习活动			
论坛讨论、参与	论坛讨论：对本周的出勤进行考核 详细活动步骤： · 登录学习平台 · 点击第六周"论坛讨论" · 按照论坛中的题设要求进行讨论	3	全部
作业			
期末测验	测验目的：对《互联网营销概论》课程的知识内容起到巩固和检测的作用 测验分值：15 分 测验入口： · 登录学习平台 · 点击课程总结中"期末测验"进入答题 测验规则： · 本次测验有 2 次答题机会，答题时间 60 分钟 · 第一次答题为试答，试答之后至少半小时才能继续答题 · 最终成绩为最后一次答题得分	15	全部

6.4.6 课程评价

（1）教材的评价

除了纸质版教材，还有电视课、学材、知识点拓展资料、动画、PPT 等，很多教材可以直接下载，教材更加立体，更加丰富，这些教材之间也起到了互相补充，层层推进的作用，针对不同需求的学生给出合适的解决方案。

（2）教师施教的评价

在混合式教学中对教师的施教评价维度更多，除了面授教师的施教评价指标外，还需加入网络课程辅导、线上线下网络课程一体化设计等方面，本门课程授课老师是北京开放大学电子商务专业副教授，熟悉面授及线上教育规则，课程一体化设计方案合理，教学方法多样化，教学效果显著。

（3）学生学业的评价

平台考试成绩占到50%，在学习平台进行学习和考试，考试的形式更加多样化。这部分的考试是综合能力的体现，与社会联系紧密，有一定实用性，特别是选取一个策划方案时的模块与相应学习内容紧密相连，层层递进，最终形成一个可行性方案，给学生提供了学习思路，但也给了学生独立思考的空间；终考占50%，即线下闭卷考试，两者采用双及格模式。这种学业评价方式更加适合当代大学。

6.4.7 混合式课程效果比较

在实验对比中，《互联网营销概论》这门课程教学用书一致、课程内容知识点一致、辅导教师一致、考核知识点一致，提取数据进行比对。

（1）学生上网次数统计，见表6-5。

表6-5 纯网络学生上网次数统计表

姓名	纯网络上网次数	姓名	纯网络上网次数	姓名	纯网络上网次数	姓名	纯网络上网次数
张XX	3	马XX	20	王X	9	胡XX	2
陈XX	16	苏X	182	刘XX	28	霍XX	21
张XX	16	陈XX	15	唐XX	27	张XX	5
侯X	26	黄XX	11	李X	44	李X	6
于XX	21	黄XX	5	赵X	25	王X	74
余X	137	朱XX	70	姜XX	5	张XX	8
陈XX	17	方XX	94	石XX	6	李XX	24
徐XX	11	徐XX	22	谭XX	5	章XX	41

◎ 互联网背景下学校课程改革的实践效果研究

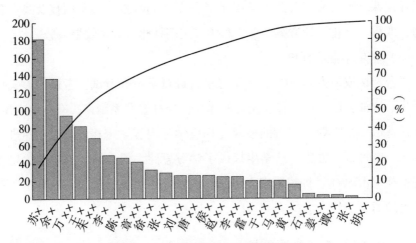

图6-4 纯网络学生上网次数统计图

表6-6 混合式学生上网次数统计表

姓名	混合式上网次数	姓名	混合式上网次数	姓名	混合式上网次数
章XX	12	梁XX	4	孙X	20
刘X	12	刘X	13	管XX	16
丁X	58	杨X	20	赵XX	19
周X	22	鲍XX	12	马XX	13
王X	2	光X	7	齐X	29
沈X	4	李XX	8	詹XX	43
贾X	10	王XX	30	周XX	35
贾XX	8	陈XX	16	段XX	25
周X	24	黄XX	50	于XX	44
李XX	126	胡X	10	苗XX	4
钱XX	11	高X	9	南XX	5
刘X	11	姚X	16	蔡XX	5
王XX	7	吴X	16	王X	222

130

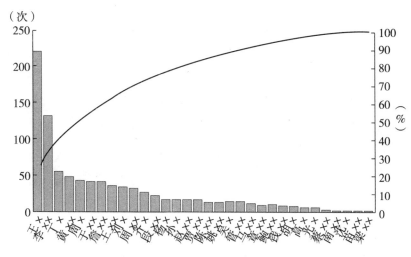

图6-5　混合式学生上网次数统计图

从上面的表格中可以看出，纯网络学生平均上网次数约为31次，学生单次上网最高182次，最低2次；混合式学生平均上网次数约为25次，学生单次上网最高222次，最低2次。可以看出参与混合式学习的学生能够适应网络学习，并且热情度很高。

（2）学生成绩统计，见表6-7。

表6-7　学生成绩统计表

分数	纯面授	纯网络	混合式
60分以下	4	5	0
60-70	6	6	4
70-80	27	8	33
80-90	7	15	28
90-100	1	2	0

从上面的表格中可以看出，混合式的学生成绩没有不及格的情况，同样90分以上的学生也没有，成绩在70-90分占到93%；纯面授学生有不及格的学生，也有成绩超过90分以上的学生，成绩在70-90分占到75%；纯网络学生与纯面授情况一样，都存在不及格及高分的情况，成绩在70-90分占到64%。混合式的学生平均成绩为78.26，面授的学生平均成绩为75.36，纯

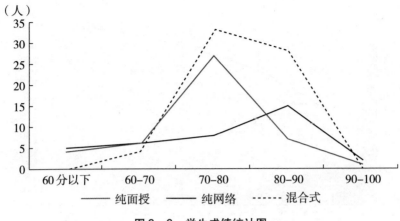

图 6-6　学生成绩统计图

网络的学生平均成绩为 72.67。

　　混合式的教学效果在三种教学方式中效果是最好的，更加符合时代的发展，也更易被学生接受，如图 6-6 所示。

第七章　大学生网络学习能力调查研究报告

7.1　大学生网络学习能力调查问卷设计

7.1.1　大学生网络学习能力调查问卷设计基础

随着网络技术的发展与普及，网络学习成为当前重要的一种学习形式。特别是大学生，借助网络开展学习的能力对其发展越来越重要。网络学习能力也成为学界关注的重要话题之一。然而从已有文献来看，专门针对大学生网络学习能力的系统研究并不多见。下面对几个代表性研究进行重点介绍。

陈园园等人[①]主要从自主学习角度对大学生网络学习能力进行了调查研究，在其研究中将大学生网络学习能力分为学习准备能力、资源利用能力、学习调控能力、活动参与能力、自我评价能力五个维度。通过调查和跟踪，该研究对在校大学生的网络自主学习能力和网络教学中存在的问题进行分析，认为大学生对网络学习的调控能力、自我评价能力等还需要加强。

2012 年左右 MOOC 开始迅速发展起来，引起了广泛关注，学习者中包括大量在校大学生和在职人员。郑勤华等人[②]以 MOOC 学习者为研究对象，对其网络学习素养从一般信息素养、MOOC 学习中学习关系的维持、MOOC 学习过程的管理、元认知能力、学习态度五个维度进行了调查研究。该研究认为MOOC 学习者在自我管理意识、深层利用信息技术等方面还有待提升。

---

① 陈园园，马颖峰，陈晓燕. 在校大学生网络自主学习能力及现状研究［J］. 电化教育研究，2009（03）：48 – 52.
② 郑勤华，陈悦，陈丽. 中国 MOOCs 学习者学习素养调查研究［J］. 开放教育研究，2016，22（02）：38 – 45.

高燕[1]重点探讨了 Web2.0 背景下大学生的学习能力问题，认为社交媒体等新媒体和新技术的发展对大学生学习能力提出了新的要求，并将大学生的核心学习能力分为信息搜寻能力、信息生产创造能力、信息分享交流与合作能力等维度。可以看出，该研究主要基于信息素养的视角对大学生的网络学习能力进行探讨和分析，不够全面。

已有研究从不同的视角和侧重面对网络学习能力进行了调查，调查对象有在校大学生，也有成员多样的 MOOC 学习者。从网络学习能力的构成维度来看，其中信息素养是网络学习能力的重要组成维度；同时，学习调控能力、元认知能力、自我管理能力等也受到了很多关注；此外，学习态度、学习参与能力、网络学习自我评价能力等也是网络学习能力的构成成分。总体来看，已有研究根据自己的需要进行了网络学习能力的维度设计和划分，并不存在比较统一的大学生网络学习能力构成维度划分。已有研究为我们设计大学生网络学习能力调查问卷提供了很好的参考和基础。

7.1.2 大学生网络学习能力的维度

在参考已有研究基础上，结合对网络学习过程和行为的分析，确定大学生网络学习能力的构成维度。本研究将大学生网络学习能力分为学习态度和意识、信息素养和技能、学习过程调控能力、学习策略管理能力、交互与合作能力五个维度，如图 7 - 1 所示。

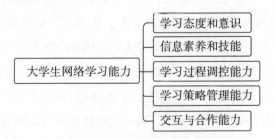

图 7 - 1　大学生网络学习能力构成维度

---

① 高燕. Learning 2.0 时代大学生学习能力研究 ［D］. 江西师范大学，2010.

（1）网络学习态度和意识

学习态度和意识是指大学生对网络学习持有的态度，包括大学生对于网络学习这种方式的意愿、积极性等，以及认识到网络学习的发展趋势及对自身的重要性。该维度又分为网络学习态度和动机、网络学习意识两个子维度。具体内容如表7-1所示。

表7-1　网络学习态度和意识

一级指标	二级指标	具体表现
网络学习态度和意识	学习态度和动机	具有利用网络学习的意愿
		对网络学习具有较好的认同感
		具有网络学习的主动性
		具有学习意志，能够维持学习动机
		有信心通过网络完成课程学习
	学习意识	能够意识到网络学习是一种未来趋势
		认识到网络学习能力对于自身专业发展具有重要意义
		具有利用网络终身学习的意识

（2）信息素养和技能

信息素养和技能是开展网络学习的重要基础，不仅包括学生对信息技术基本知识和技能的了解及掌握，还包括信息素养，即对信息的收集、辨别、加工分析利用的能力，是信息化社会人才所需要的基本能力。该维度又分为信息技术知识和技能、信息素养两个子维度。具体内容如表7-2所示。

（3）网络学习过程调控能力

学习过程调控能力指对网络学习任务和过程的管理和调节能力，包括学习之初对目标的设置，在学习中制定学习计划和执行的能力，以及对于学习过程的反思和评价能力。该维度又分为目标设置、计划制定和执行、反思和评价三个子维度。具体内容如表7-3所示。

表 7 - 2　信息素养和技能

一级指标	二级指标	具体表现
信息素养和技能	信息技术知识和技能	了解信息技术的基本知识
		掌握信息技术的基本操作
		熟悉使用计算机进行网络学习的基本技能
	信息素养	能够根据学习需要，主动利用网络、资料库等搜索学习资源
		面对浩繁的信息资源，能够快速抽取相关和重要的资料
		能够辨别网上学习资源的质量优劣
		能够自觉抵御和消除垃圾信息及有害信息的干扰和侵蚀
		能够运用网络传播手段将自己的观点传递给他人
		能够对搜索到的信息进行深加工，进行整理和分析
		能够挖掘、领悟所搜集资源的真正要义和价值

表 7 - 3　网络学习过程调控能力

一级指标	二级指标	具体表现
学习过程调控能力	目标设置	根据课程要求，能够形成近期和较长远的课程学习目标
		能够将复杂的学习目标分解成具体的、简单的学习目标
	计划制定和执行	能够制定符合实际的网络学习计划
		可以严格执行预期学习计划，实现预期学习目标
		发现计划和现实不协调时，能够调整网络学习计划
	反思和评价	能够对预定学习计划的执行情况、预期目标的实现情况进行检测
		对网络学习过程进行反思，并加以改进
		对学习结果进行自我评价和分析，并为后继学习提出建议

（4）网络学习策略管理能力

学习策略管理能力指大学生对网络学习策略的使用能力，包括网络学习过程中对于学习时间、学习环境的管理能力，问题解决能力及学习方法的使用的能力。该维度又分为时间管理、学习环境管理、困难管理、学习方法使用四个子维度。具体内容如表 7 - 4 所示。

表7-4 网络学习策略管理能力

一级指标	二级指标	具体表现
学习策略管理能力	时间管理	能够掌握好学习时间，安排好学习进度
		能够及时完成课程作业和任务
		能够灵活利用零碎时间学习
		能平衡好学习和其它事务的时间
	环境管理	能够选择和安排适当的网络学习地点和环境
		能够排除环境的干扰，集中注意力进行网络学习
	困难管理	可以自我调节情绪，保持良好的心态学习
		在学习中遇到困难时，可以主动向同伴、老师或其他人寻求帮助
	学习方法	能够选择符合自己特点的网络学习方法
		网络学习时，能够对学习内容进行深入、批判性的思考
		网络学习时，能够将学习内容与具体情境相联系

（5）网络学习交互与合作能力

交互与合作能力指学生在网络学习中与师生的交流能力、向他人表达观点、参与合作的能力。该维度又分为生生交流、师生交流、合作贡献、积极参与、表达自我等子维度。具体内容如表7-5所示。

表7-5 网络学习交互与合作能力

一级指标	二级指标	具体表现
交互与合作能力	生生交流	通过微信、电子邮件、讨论区等工具与同学交流
	师生交流	通过微信、电子邮件、讨论区等工具与老师交流
	合作贡献	能够与同学合作完成学习任务并贡献自己的力量
	积极参与	能够积极投入到交流和合作任务中
	表达自我	在交流和合作中，能够清晰地向他人表达自己的观点

7.1.3 大学生网络学习能力调查问卷的题目设计

根据上述对网络学习能力的维度划分，设计形成大学生网络学习能力调查问题。调查问卷共分为两大部分。具体问卷参见附录1。

问卷第一部分是对学生基本情况的调查，包括7道题目，即学生的性别、年龄、就读阶段、年级、学习类型、专业、网络学习经历等。

问卷第二部分是对网络学习能力的调查。共设计有 55 个题项，采用 6 点记分法："1 = 非常不符合"、"2 = 比较不符合"、"3 = 不太符合"、"4 = 有些符合"、"5 = 比较符合"、"6 = 非常符合"。得分越高，表明学生的网络学习能力越强。

7.2 问卷的发放与回收

完成问卷设计之后，利用问卷星平台面向大学生群体发放问卷。共计回收问卷 950 份。将答题时间小于等于 60 秒的问卷视为无效问卷，共有无效问卷 15 份，有效问卷 936 份，有效问卷率为 98.5%。

之后，使用 SPSS 和 Mplus 软件对回收的有效数据进行统计分析。

7.2.1 问卷信效度分析

（1）问卷信度分析

借助 SPSS 统计学软件检验大学生网络学习能力调查问卷的信度系数，如表 7-6 所示。

表 7-6　网络学习能力问卷各维度和整体的内部一致性系数

量表	克隆巴赫 Alpha	分量表	克隆巴赫 Alpha	项数
网络学习能力	0.992	网络学习态度和意识	0.970	8
		信息素养和技能	0.972	11
		学习过程调控能力	0.985	8
		学习策略管理能力	0.985	11
		交互与合作能力	0.972	6

大学生网络学习能力总量表的信度系数 α 为 0.992，网络学习态度和意识维度的信度系数 α 为 0.970，信息素养和技能维度的信度系数 α 为 0.972，学习过程调控能力维度的信度系数 α 为 0.985，学习策略管理能力维度的信度系数 α 为 0.985，交互与合作能力维度的信度系数 α 为 0.972。信度系数均大于

0.9，因此问卷信度较为理想。

（2）问卷效度分析

使用 Mplus 软件，采用验证性因子分析方法对问卷进行效度检验。经调整后的大学生网络学习能力模拟拟合指数如表 7 - 7 所示。其中，X2/df = 6.13；CFI = 0.935，TLI = 0.931，两者均大于 0.90，符合要求；RMSEA = 0.075，小于 0.08。综合来看，该模型的拟合符合要求，问卷具有较好的效度。

表 7 - 7　调整后大学生网络学习能力模型的拟合指数

X^2	df	X^2/df	RMSEA	CFI	TLI
5535.980	887	6.13	0.075	0.935	0.931

由 Mplus 验证性因子分析得到的大学生网络学习能力模型结构如图 7 - 2 所示。

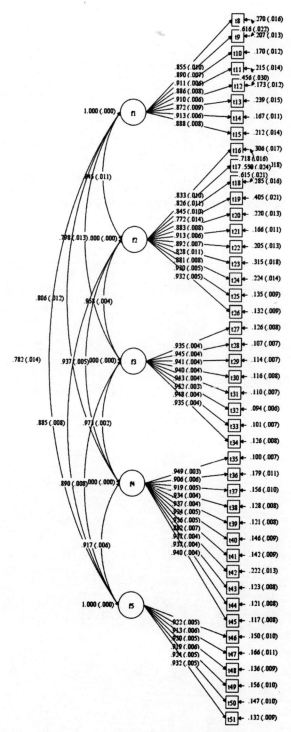

图7-2 大学生网络学习能力模型结构

7.3　调查数据分析

7.3.1　基本信息统计

样本大学生的基本信息统计结果如表 7－8 所示。

表 7－8　基本信息统计表

属性	类别	频数	百分比
性别	男	619	66.1%
	女	317	33.9%
年龄	20 岁及以下	813	86.9%
	21－25 岁	120	12.8%
	31－50 岁	2	0.2%
	50 岁以上	1	0.1%
就读阶段	专科	916	97.9%
	本科	10	1.1%
	其他	10	1.1%
就读年级	大一	585	62.5%
	大二	339	36.2%
	大三	1	0.1%
	大四	2	0.2%
	其他	9	1.0%
学习类型	全日制	888	95.9%
	非全日制	58	5.1%

属性	类别	频数	百分比
学科	经济学	55	5.7%
	法学	1	0.1%
	工学	609	65.1%
	管理学	93	9.9%
	教育学	22	2.5%
	文学	9	1.0%
	历史学	1	0.1%
	理学	152	15.2%
	农学	1	0.1%
	军事学	3	0.3%
	艺术学	11	1.2%
网络学习经历	0 门	52	5.6%
	1 门	117	12.5%
	2 门	157	16.8%
	3 门	157	16.8%
	5 门及以上	553	58.5%

由表 7-8 可知，在性别方面，男生约为女生的 2 倍，样本中男生人数为 619，占比 66.1%，女生人数 317，占比 33.9%。在年龄方面，大多数被调查者年龄在 20 岁及以下，人数为 813，占比 86.9%。学生就读阶段以专科为主，占 97.9%。在年级方面，主要是大一、大二，分别占 62.5% 和 36.2%。学生所在专业，以工科为主，占样本量的 65.1%，理学占 15.2%，其他专业共占 19.8%。关于网络学习经历，大多数的学生都具有一定的网络学习经历，58.5% 的学生具有 5 门及以上的网络课程学习经历，具有 2 门和 3 门网络学习课程经历的占比各为 16.8%，没有网络学习经历的学生仅占 5.6%，由图 7-3 可知。

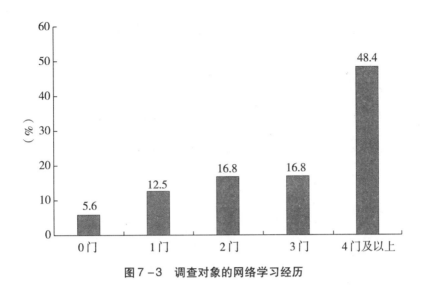

图7-3　调查对象的网络学习经历

7.3.2　大学生网络学习能力的描述性统计

首先，对大学生网络学习能力各个一级指标得分进行描述性统计，结果如表7-9所示。

表7-9　大学生网络学习能力一级指标描述性统计结果（N=936）

一级指标	平均值	标准差
网络学习态度和意识	5.86	1.05
信息素养和技能	5.80	0.96
学习过程调控能力	5.79	0.99
学习策略管理能力	5.83	0.97
交互与合作能力	5.93	0.95

由表7-9可知，一级指标得分的均值由高到低依次为：交互与合作能力（5.93），网络学习态度和意识（5.86），学习策略管理能力（5.83），信息素养和技能（5.80），学习过程调控能力（5.79）。可以看出，虽然在交互与合作能力方面得分最高，在学习过程调控能力方面得分最低，但差距并不大。这一结果表明，大学生网络学习能力基本达到了较高的水平，大多数学生具

有积极的网络学习态度并意识到网络学习的重要性，具备了一定的信息技术知识、技能和信息素养，具备了一定的学习过程调控能力、学习策略管理能力、交互与合作能力。

对大学生网络学习能力各维度下的二级指标得分进行描述性统计，结果如表7-10所示。

表7-10　大学生网络学习能力二级指标描述性统计结果（N=936）

一级指标	二级指标	平均值	标准差
网络学习态度和意识	学习态度	5.83	1.09
	学习意识	5.90	1.05
信息素养和技能	信息技术知识和技能	5.75	1.01
	信息素养	5.83	0.96
学习过程调控能力	目标设置	5.81	1.02
	计划制定和执行	5.77	1.03
	反思和评价	5.80	0.99
学习策略管理能力	时间管理	5.82	0.98
	环境管理	5.79	1.05
	困难管理	5.88	0.97
	学习方法	5.82	0.99
交互与合作能力	生生交流	5.91	1.01
	师生交流	5.87	1.03
	合作贡献	5.96	0.95
	积极参与	5.96	0.92
	表达自己	5.92	1.01

由表7-10可知，在网络学习能力的二级指标上，得分均在5.70以上。其中，在积极参与合作任务、在合作中贡献力量两个方面得分最高（5.96），说明大部分学生乐于开展合作学习；而在信息技术知识和技能方面得分最低（5.75），说明部分大学生在信息技术知识和技能方面的掌握还相对欠缺。

7.3.3 大学生网络学习能力的差异分析

（1）性别的差异性检验

表7-11 不同性别在网络学习能力一级指标上的得分及差异

一级指标	性别	个案数	平均值	标准偏差	标准误差平均值	T	P
网络学习态度和意识	男	619	5.8516	1.05596	.05200	0.298	0.766
	女	317	5.8730	1.05097	.05857		
信息素养和技能	男	619	5.8125	.95713	.03857	0.678	0.598
	女	317	5.7677	.95391	.05358		
学习过程调控能力	男	619	5.7993	1.00831	.05053	0.518	0.676
	女	317	5.7705	.97575	.05575		
学习策略管理能力	男	619	5.8192	.99339	.03993	0.259	0.796
	女	317	5.8365	.91918	.05163		
交互与合作能力	男	619	5.9257	.96195	.03866	0.222	0.825
	女	317	5.9501	.88555	.05975		

从独立样本t检验的结果表7-11可知，P均大于0.05，说明在0.05显著性水平下，网络学习态度和意识、信息素养和技能、学习过程管理能力、学习策略管理能力、交互与合作能力在性别方面不存在显著性差异。

表7-12 不同性别在网络学习能力二级指标上的得分及差异

二级指标	年级	个案数	平均值	标准偏差	标准误差平均值	T	P
学习态度	男	619	5.8226	1.08285	0.05352	0.337	0.736
	女	317	5.8579	1.09625	0.06157		
学习意识	男	619	5.8998	1.05555	0.05238	0.208	0.835
	女	317	5.9158	1.02231	0.05752		
信息技术知识和技能	男	619	5.7585	1.02121	0.05105	0.571	0.638
	女	317	5.7153	1.01061	0.05676		
信息素养	男	619	5.8591	0.9767	0.03926	0.767	0.553
	女	317	5.7977	0.95673	0.05375		

续表

二级指标	年级	个案数	平均值	标准偏差	标准误差平均值	T	P
目标设置	男	619	5.8255	1.03119	0.05155	0.791	0.529
	女	317	5.7697	1.00525	0.0565		
计划制定和执行	男	619	5.7738	1.05059	0.05223	0.205	0.838
	女	317	5.7592	1.01077	0.05677		
反思和评价	男	619	5.8072	1.00618	0.05055	0.363	0.717
	女	317	5.7823	0.96672	0.0553		
时间管理	男	619	5.8033	1.00985	0.05059	0.559	0.577
	女	317	5.8515	0.95859	0.05328		
环境管理	男	619	5.7819	1.06395	0.05276	0.181	0.856
	女	317	5.795	1.00027	0.05618		
困难管理	男	619	5.8653	1.01613	0.05085	0.762	0.556
	女	317	5.9132	0.88297	0.05959		
学习方法	男	619	5.8352	1.0058	0.05053	0.519	0.675
	女	317	5.8065	0.96332	0.05511		
生生交流	男	619	5.89	1.052	0.052	0.776	0.538
	女	317	5.95	0.961	0.055		
师生交流	男	619	5.88	1.057	0.052	0.51	0.61
	女	317	5.85	1.005	0.056		
合作贡献	男	619	5.9596	0.97251	0.03909	0.015	0.988
	女	317	5.9606	0.9015	0.05063		
积极参与	男	619	5.95	1.005	0.05	0.75	0.56
	女	317	5	0.936	0.053		
表达自己	男	619	5.91	1.03	0.051	0.256	0.798
	女	317	5.93	0.962	0.055		

从独立样本 t 检验的结果表 7 – 12 可知，P 均大于 0.05，说明在 0.05 显著性水平下，网络学习能力的二级维度所有指标在性别方面均不存在显著性差异。

（2）年龄的差异性检验

表7-13 不同年龄在网络学习能力一级指标上的得分及差异

一级指标	年龄	个案数	平均值	标准偏差	标准误差平均值	T	P
网络学习态度和意识	20岁及以下	813	5.8933	1.01068	0.03555	2.275	0.025
	20岁以上	123	5.6311	1.21655	0.10969		
信息素养和技能	20岁及以下	813	5.8055	.95050	0.03333	0.586	0.558
	20岁以上	123	5.7502	.99325	0.08956		
学习过程调控能力	20岁及以下	813	5.8035	.98565	0.03553	1.091	0.276
	20岁以上	123	5.6982	1.07230	0.09669		
学习策略管理能力	20岁及以下	813	5.8519	.95151	0.03337	1.366	0.172
	20岁以上	123	5.7150	1.07121	0.09659		
交互与合作能力	20岁及以下	813	5.9358	.93207	0.03269	0.357	0.721
	20岁以上	123	5.9025	.96735	0.08722		

从独立样本 t 检验的结果表 7-13 可知，在网络学习态度和意识方面，20 岁及以下均值为 5.8933，20 岁以上均值为 5.6311，T 值为 2.275，$P < 0.05$，在 0.05 显著性水平下，网络学习态度和意识在年龄方面存在显著性差异，且 20 岁及以下的学生得分高于 20 岁以上；信息素养和技能、学习过程管理能力、学习策略管理能力、交互与合作能力的 P 均大于 0.05，在年龄方面不存在显著性差异。

表7-14 不同年龄在网络学习能力二级指标的得分及差异

二级指标	年龄	个案数	平均值	标准偏差	标准误差平均值	T	P
学习态度	20岁及以下	813	5.8691	1.05316	0.03695	2.509	0.17
	20岁以上	123	5.5805	1.26525	0.11399		
学习意识	20岁及以下	813	5.9336	1.01357	0.03555	1.903	0.59
	20岁以上	123	5.7155	1.20851	0.10896		
信息技术知识和技能	20岁及以下	813	5.7572	1.00211	0.03515	0.719	0.573
	20岁以上	123	5.6707	1.11505	0.10055		
信息素养	20岁及以下	813	5.8371	0.96161	0.03373	0.552	0.658
	20岁以上	123	5.7956	1.02555	0.09256		

续表

二级指标	年龄	个案数	平均值	标准偏差	标准误差平均值	T	P
目标设置	20 岁及以下	813	5.818	1.01015	0.03553	0.872	0.383
	20 岁以上	123	5.7317	1.09823	0.09902		
计划制定和执行	20 岁及以下	813	5.786	1.02386	0.03591	1.218	0.225
	20 岁以上	123	5.6558	1.11615	0.10065		
反思和评价	20 岁及以下	813	5.811	0.98133	0.03552	0.967	0.335
	20 岁以上	123	5.7182	1.06555	0.09598		
时间管理	20 岁及以下	813	5.8359	0.97389	0.03516	1.582	0.139
	20 岁以上	123	5.6931	1.08115	0.09758		
环境管理	20 岁及以下	813	5.8075	1.01717	0.03567	1.525	0.156
	20 岁以上	123	5.6563	1.19035	0.10733		
困难管理	20 岁及以下	813	5.8899	0.95589	0.03359	0.665	0.508
	20 岁以上	123	5.8211	1.08667	0.09798		
学习方法	20 岁及以下	813	5.8521	0.97555	0.03518	1.215	0.226
	20 岁以上	123	5.7155	1.09285	0.09855		
生生交流	20 岁及以下	813	5.92	1.005	0.035	0.580	0.562
	20 岁以上	123	5.86	1.081	0.097		
师生交流	20 岁及以下	813	5.88	1.027	0.036	0.609	0.555
	20 岁以上	123	5.81	1.119	0.101		
合作贡献	20 岁及以下	813	5.9637	0.9557	0.03313	0.305	0.76
	20 岁以上	123	5.935	0.97711	0.0881		
积极参与	20 岁及以下	813	5.96	0.981	0.035	0.056	0.963
	20 岁以上	123	5.97	0.991	0.089		
表达自己	20 岁及以下	813	5.92	1.006	0.035	0.193	0.857
	20 岁以上	123	5.9	1.02	0.092		

从独立样本 t 检验的结果表 7 - 14 可知，在学习态度方面，20 岁及以下均值为 5.8691，20 岁以上均值为 5.5805，T 值为 2.509，$P < 0.05$，在 0.05 显著性水平下，学习态度在年龄上存在显著性差异，且 20 岁及以下的学生得分高于 20 岁以上；其他指标的 P 均大于 0.05，在年龄上不存在显著性差异。

（3）年级的差异性检验

表 7 -15 不同年级在网络学习能力一级指标上的得分及差异

一级指标	年级	个案数	平均值	标准偏差	标准误差平均值	T	P
网络学习态度和意识	大一	585	5.022	0.89533	0.03702	5.655	0.000
	大二	339	5.6007	1.19338	0.06582		
信息素养和技能	大一	585	5.8755	0.86973	0.03596	2.715	0.007
	大二	339	5.6919	1.05582	0.05729		
学习过程调控能力	大一	585	5.8752	0.91513	0.03785	2.858	0.005
	大二	339	5.6755	1.09013	0.05921		
学习策略管理能力	大一	585	5.9226	0.8795	0.03636	3.503	0.000
	大二	339	5.6828	1.06836	0.05803		
交互与合作能力	大一	585	5.0262	0.85865	0.03509	3.659	0.000
	大二	339	5.7856	1.02769	0.05582		

从独立样本 t 检验的结果表 7 - 15 可知，P 均小于 0.05，在 0.05 显著性水平下，网络学习态度和意识、信息素养和技能、学习过程管理能力、学习策略管理能力、交互与合作能力在年级方面存在显著性差异，且大一学生的得分均比大二高。

表 7 -16 不同年级在网络学习能力二级指标上的得分及差异

一级指标	年级	个案数	平均值	标准偏差	标准误差平均值	T	P
学习态度	大一	585	5.0051	0.93199	0.03853	5.771	0.000
	大二	339	5.5552	1.25539	0.06759		
学习意识	大一	585	5.0519	0.89931	0.03718	5.02	0.000
	大二	339	5.6765	1.1955	0.06587		
信息技术知识和技能	大一	585	5.7975	0.93633	0.03871	1.925	0.055
	大二	339	5.6586	1.12057	0.06086		
信息素养	大一	585	5.9201	0.87706	0.03626	3.058	0.002
	大二	339	5.7109	1.0731	0.05828		
目标设置	大一	585	5.8932	0.95277	0.03898	2.858	0.005
	大二	339	5.6873	1.11519	0.06057		
计划制定和执行	大一	585	5.8565	0.95578	0.03952	2.772	0.006
	大二	339	5.6539	1.13119	0.06155		

续表

一级指标	年级	个案数	平均值	标准偏差	标准误差平均值	T	P
反思和评价	大一	585	5.8821	0.91305	0.03775	2.806	0.005
	大二	339	5.6863	1.07979	0.05865		
时间管理	大一	585	5.9077	0.90756	0.03752	3.223	0.001
	大二	339	5.6829	1.08255	0.05879		
环境管理	大一	585	5.8863	0.95605	0.03911	3.362	0.001
	大二	339	5.6372	1.1588	0.06295		
困难管理	大一	585	5.9726	0.88998	0.0368	3.285	0.001
	大二	339	5.7578	1.06336	0.05775		
学习方法	大一	585	5.9333	0.89387	0.03696	3.758	0.000
	大二	339	5.6696	1.09823	0.05965		
生生交流	大一	585	5.02	0.91	0.038	3.801	0.000
	大二	339	5.75	1.133	0.062		
师生交流	大一	585	5.97	0.952	0.039	3.583	0.000
	大二	339	5.71	1.158	0.062		
合作贡献	大一	585	5.0596	0.8656	0.03575	3.353	0.001
	大二	339	5.826	1.03665	0.0563		
积极参与	大一	585	5.05	0.893	0.037	2.871	0.005
	大二	339	5.85	1.081	0.059		
表达自己	大一	585	5.02	0.923	0.038	3.67	0.000
	大二	339	5.76	1.096	0.059		

从独立样本 t 检验的结果表 7 – 16 可知,除了信息技术知识和技能外,P 均小于 0.05,在 0.05 显著性水平下,学习态度、学习意识、信息素养、目标设置、计划制定和执行、反思和评价、时间管理、环境管理、困难管理、学习方法、生生交流、师生交流、合作贡献、积极参与、表达自己在年级方面都存在显著性差异,且大一学生的得分高于大二。

(4) 学习类型的差异性检验

表7-17 不同学习类型在网络学习能力一级指标的得分及差异

一级指标	学习类型	个案数	平均值	标准偏差	标准误差平均值	T	P
网络学习态度和意识	全日制	888	5.8806	1.02852	0.03551	2.759	0.006
	非全日制	58	5.5557	1.22895	0.17738		
信息素养和技能	全日制	888	5.8212	0.95126	0.03159	3.301	0.001
	非全日制	58	5.3561	1.11580	0.16091		
学习过程调控能力	全日制	888	5.8102	0.98739	0.03313	2.755	0.006
	非全日制	58	5.5063	1.09657	0.15828		
学习策略管理能力	全日制	888	5.8555	0.96038	0.03223	2.632	0.009
	非全日制	58	5.5678	1.05535	0.15233		
交互与合作能力	全日制	888	5.9589	0.92568	0.03103	2.593	0.01
	非全日制	58	5.5903	1.08610	0.15677		

从独立样本 t 检验的结果表7-17可知，P 均小于0.05，在0.05显著性水平下，网络学习态度和意识、信息素养和技能、学习过程管理能力、学习策略管理能力、交互与合作能力在学习类型方面存在显著性差异，且全日制学生在网络学习能力方面得分均高于非全日制。

表7-18 不同学习类型在网络学习能力二级指标上的得分及差异

一级指标	学习类型	个案数	平均值	标准偏差	标准误差平均值	T	P
学习态度	全日制	888	5.8511	1.07322	0.03601	2.519	0.016
	非全日制	58	5.5625	1.27173	0.18356		
学习意识	全日制	888	5.9298	1.02855	0.03551	3.155	0.002
	非全日制	58	5.5555	1.20751	0.17527		
信息技术知识和技能	全日制	888	5.761	1.00679	0.03379	3.093	0.002
	非全日制	58	5.2969	1.11653	0.16115		
信息素养	全日制	888	5.8555	0.95556	0.03207	3.257	0.001
	非全日制	58	5.3899	1.12553	0.16256		
目标设置	全日制	888	5.8305	1.01079	0.03392	3.091	0.002
	非全日制	58	5.3656	1.13335	0.16358		

一级指标	学习类型	个案数	平均值	标准偏差	标准误差平均值	T	P
计划制定和执行	全日制	888	5.7879	1.03063	0.03559	2.523	0.016
	非全日制	58	5.5167	1.09695	0.15833		
反思和评价	全日制	888	5.8191	0.98392	0.03302	2.698	0.007
	非全日制	58	5.5236	1.08557	0.15653		
时间管理	全日制	888	5.835	0.98252	0.03297	2.506	0.012
	非全日制	58	5.5688	1.05893	0.15285		
环境管理	全日制	888	5.8057	1.03576	0.03572	2.558	0.015
	非全日制	58	5.5271	1.1251	0.16239		
困难管理	全日制	888	5.8992	0.96572	0.03251	2.587	0.013
	非全日制	58	5.5517	1.051	0.1517		
学习方法	全日制	888	5.8561	0.98267	0.03298	2.755	0.006
	非全日制	58	5.5555	1.07921	0.15577		
生生交流	全日制	888	5.93	1.005	0.035	2.598	0.01
	非全日制	58	5.55	1.158	0.166		
师生交流	全日制	888	5.89	1.026	0.035	2.97	0.003
	非全日制	58	5.55	1.201	0.173		
合作贡献	全日制	888	5.9752	0.93952	0.03153	2.125	0.035
	非全日制	58	5.6771	1.07531	0.15506		
积极参与	全日制	888	5.98	0.971	0.033	2.561	0.015
	非全日制	58	5.63	1.123	0.162		
表达自己	全日制	888	5.95	0.995	0.033	2.376	0.018
	非全日制	58	5.58	1.165	0.168		

从独立样本 t 检验的结果表 7 - 18 可知，P 均小于 0.05，在 0.05 显著性水平下，网络学习能力的二级维度各指标在学习类型方面均存在显著性差异，且全日制学生在网络学习能力方面得分均高于非全日制。

（5）专业的差异性检验

表 7 - 19　专业方差齐性检验

	莱文统计	自由度 1	自由度 2	显著性
网络学习态度和意识	0.758	2	933	0.569
信息素养和技能	3.982	2	933	0.019
学习过程调控能力	2.857	2	933	0.059
学习策略管理能力	5.725	2	933	0.009
交互与合作能力	5.705	2	933	0.009

表 7 - 20　专业 ANOVA 方差分析

		平方和	自由度	均方	F	显著性
网络学习态度和意识	组间	1.505	2	0.752	0.691	0.501
	组内	1015.830	933	1.089		
	总计	1017.335	935			
学习过程调控能力	组间	1.593	2	0.797	0.802	0.559
	组内	927.132	933	0.995		
	总计	928.725	935			

由方差齐性检验结果表 7 - 19 可知，网络学习态度和意识、学习过程调控能力对应的 P 值均大于 0.05，因此，方差齐性，满足单因素方差分析中方差相等的要求。信息素养和技能、学习策略管理能力、交互与合作能力对应的 P 值小于 0.05，方差不齐性。

由单因素方差分析的结果表 7 - 20 可知，网络学习态度和意识、学习过程调控能力对应的 P 值均大于 0.05，不存在显著性差异，网络学习态度和意识、学习过程调控能力在专业上不存在显著性差异。

如表 7 - 21 所示，在多重比较中，Tamhane's T2 两两比较的结果显示，信息素养和技能、学习策略管理能力、交互与合作能力对应的各项 P 值均大于 0.05，因此，信息素养和技能、学习策略管理能力、交互与合作能力在专业上不存在显著差异。

综上所述，网络学习态度和意识、信息素养和技能、学习过程管理能力、学习策略管理能力、交互与合作能力在专业方面不存在显著性差异。

表 7 - 21　专业多重比较

因变量	(I)专业	(J)专业	平均值差值(I - J)	标准错误	显著性	95% 置信区间	
						下限	上限
信息素养和技能	工学	理学	0.05635	0.08906	0.527	0.1185	0.2311
		其他	0.11753	0.08022	0.153	0.0399	0.2750
	理学	工学	0.05635	0.08906	0.527	0.2311	0.1185
		其他	0.06118	0.10662	0.566	0.1581	0.2705
	其他	工学	0.11753	0.08022	0.153	0.2750	0.0399
		理学	0.06118	0.10662	0.566	0.2705	0.1581
学习策略管理能力	工学	理学	0.09532	0.09025	0.291	0.0818	0.2725
		其他	0.09889	0.08129	0.225	0.0607	0.2585
	理学	工学	0.09532	0.09025	0.291	0.2725	0.0818
		其他	0.00357	0.10805	0.975	0.2085	0.2156
	其他	工学	0.09889	0.08129	0.225	0.2585	0.0607
		理学	0.00357	0.10805	0.975	0.2156	0.2085
交互与合作能力	工学	理学	0.06995	0.08730	0.523	0.1015	0.2513
		其他	0.06366	0.07865	0.518	0.0907	0.2180
	理学	工学	0.06995	0.08730	0.523	0.2513	0.1015
		其他	0.00629	0.10552	0.952	0.2115	0.1988
	其他	工学	0.06366	0.07865	0.518	0.2180	0.0907
		理学	0.00629	0.10552	0.952	0.1988	0.2115

　　同样的方法检验网络学习能力的二级指标在专业上的差异，得到 P 均大于 0.05，学生网络学习能力二级指标各项在专业方面不存在显著性差异。

　　（6）网络学习经历的差异性检验

表 7 - 22　网络学习经历方差齐性检验

	莱文统计	自由度 1	自由度 2	显著性
网络学习态度和意识	2.591	5	931	0.035
信息素养和技能	3.051	5	931	0.016
学习过程调控能力	2.535	5	931	0.056
学习策略管理能力	2.931	5	931	0.020
交互与合作能力	1.375	5	931	0.251

由方差齐性检验结果表 7 - 22 可知，网络学习态度和意识、信息素养和技能、学习过程调控能力、学习策略管理能力对应的 P 值均小于 0.05，方差不齐性。交互与合作能力对应的 P 值大于 0.05，因此，方差齐性检验结果为方差齐性，满足单因素方差分析中方差相等的要求。

表 7 - 23　网络学习经历 ANOVA 方差分析

		平方和	自由度	均方	F	显著性
	组间	9.026	5	2.256	2.591	0.035
交互与合作能力	组内	810.683	931	0.871		
	总计	819.708	935			

由单因素方差分析的结果表 7 - 23 可知，交互与合作能力对应的 P 值小于 0.05，因此交互与合作能力在网络学习经历上存在显著性差异。

表 7 - 24　网络学习经历多重比较

因变量	曾经及当前以网络方式学习的课程门数	曾经及当前以网络方式学习的课程门数	平均值差值（I - J）	标准错误	显著性	95% 置信区间	
						下限	上限
网络学习态度和意识	0 门	1 门	0.52655	0.18752	0.229	0.9665	0.1135
		2 门	0.39753	0.18501	0.292	0.9282	0.1335
		3 门	0.55711*	0.18180	0.036	1.0723	0.0220
		5 门及以上	0.35862	0.17552	0.502	0.8551	0.1579
	1 门	0 门	0.52655	0.18752	0.229	0.1135	0.9665
		2 门	0.02912	0.11651	1.000	0.2996	0.3579
		3 门	0.12056	0.11288	0.966	0.5395	0.1983
		5 门及以上	0.07793	0.10057	0.997	0.2066	0.3625
	2 门	0 门	0.39753	0.18501	0.292	0.1335	0.9282
		1 门	0.02912	0.11651	1.000	0.3579	0.2996
		3 门	0.15968	0.10696	0.831	0.5513	0.1519
		5 门及以上	0.05881	0.09387	1.000	0.2159	0.3135

续表

因变量	曾经及当前以网络方式学习的课程门数	曾经及当前以网络方式学习的课程门数	平均值差值（I－J）	标准错误	显著性	95% 置信区间	
						下限	上限
网络学习态度和意识	3门	0门	0.55711*	0.18180	0.036	0.0220	1.0723
		1门	0.12056	0.11288	0.966	0.1983	0.5395
		2门	0.15968	0.10696	0.831	0.1519	0.5513
		5门及以上	0.19859	0.08955	0.251	0.0537	0.5506
	5门及以上	0门	0.35862	0.17552	0.502	0.1579	0.8551
		1门	0.07793	0.10057	0.997	0.3625	0.2066
		2门	0.05881	0.09387	1.000	0.3135	0.2159
		3门	0.19859	0.08955	0.251	0.5506	0.0537
信息素养和技能	0门	1门	0.25029	0.16795	0.817	0.7227	0.2521
		2门	0.50066	0.15956	0.135	0.8612	0.0599
		3门	0.56156	0.16029	0.051	0.9239	0.0010
		5门及以上	0.33652	0.15291	0.275	0.7802	0.1072
	1门	0门	0.25029	0.16795	0.817	0.2521	0.7227
		2门	0.16037	0.10726	0.769	0.5635	0.1527
		3门	0.22117	0.10835	0.351	0.5273	0.0850
		5门及以上	0.09623	0.09710	0.980	0.3711	0.1787
	2门	0门	0.50066	0.15956	0.135	0.0599	0.8612
		1门	0.16037	0.10726	0.769	0.1527	0.5635
		3门	0.06080	0.09581	0.999	0.3281	0.2065
		5门及以上	0.06515	0.08173	0.997	0.1662	0.2955
	3门	0门	0.56156	0.16029	0.051	0.0010	0.9239
		1门	0.22117	0.10835	0.351	0.0850	0.5273
		2门	0.06080	0.09581	0.999	0.2065	0.3281
		5门及以上	0.12595	0.08315	0.762	0.1095	0.3593
	5门及以上	0门	0.33652	0.15291	0.275	0.1072	0.7802
		1门	0.09623	0.09710	0.980	0.1787	0.3711
		2门	0.06515	0.08173	0.997	0.2955	0.1662
		3门	0.12595	0.08315	0.762	0.3593	0.1095

续表

因变量	曾经及当前以网络方式学习的课程门数	曾经及当前以网络方式学习的课程门数	平均值差值（I－J）	标准错误	显著性	95% 置信区间	
						下限	上限
学习过程调控能力	0 门	1 门	0.26603	0.17522	0.752	0.7660	0.2350
		2 门	0.50556	0.16558	0.155	0.8826	0.0715
		3 门	0.53661	0.16551	0.093	0.9112	0.0380
		5 门及以上	0.33698	0.15696	0.305	0.7925	0.1185
	1 门	0 门	0.26603	0.17522	0.752	0.2350	0.7660
		2 门	0.13955	0.11566	0.926	0.5665	0.1873
		3 门	0.17059	0.11528	0.771	0.5936	0.1525
		5 门及以上	0.07096	0.10311	0.999	0.3630	0.2211
	2 门	0 门	0.50556	0.16558	0.155	0.0715	0.8826
		1 门	0.13955	0.11566	0.926	0.1873	0.5665
		3 门	0.03105	0.10055	1.000	0.3153	0.2522
		5 门及以上	0.06858	0.08753	0.997	0.1782	0.3155
	3 门	0 门	0.53661	0.16551	0.093	0.0380	0.9112
		1 门	0.17059	0.11528	0.771	0.1525	0.5936
		2 门	0.03105	0.10055	1.000	0.2522	0.3153
		5 门及以上	0.09963	0.08569	0.950	0.1519	0.3512
	5 门及以上	0 门	0.33698	0.15696	0.305	0.1185	0.7925
		1 门	0.07096	0.10311	0.999	0.2211	0.3630
		2 门	0.06858	0.08753	0.997	0.3155	0.1782
		3 门	0.09963	0.08569	0.950	0.3512	0.1519

续表

因变量	曾经及当前以网络方式学习的课程门数	曾经及当前以网络方式学习的课程门数	平均值差值（I－J）	标准错误	显著性	95%置信区间	
						下限	上限
学习策略管理能力	0门	1门	0.29255	0.17382	0.636	0.7923	0.2072
		2门	0.39012	0.16651	0.198	0.8706	0.0905
		3门	0.55539	0.16675	0.078	0.9357	0.0270
		5门及以上	0.35679	0.15950	0.289	0.8098	0.1162
	1门	0门	0.29255	0.17382	0.636	0.2072	0.7923
		2门	0.09758	0.10831	0.990	0.5036	0.2085
		3门	0.16185	0.10882	0.775	0.5693	0.1556
		5门及以上	0.05525	0.09737	1.000	0.3299	0.2215
	2门	0门	0.39012	0.16651	0.198	0.0905	0.8706
		1门	0.09758	0.10831	0.990	0.2085	0.5036
		3门	0.06527	0.09655	0.999	0.3365	0.2079
		5门及以上	0.05333	0.08352	1.000	0.1918	0.2785
	3门	0门	0.55539	0.16675	0.078	0.0270	0.9357
		1门	0.16185	0.10882	0.775	0.1556	0.5693
		2门	0.06527	0.09655	0.999	0.2079	0.3365
		5门及以上	0.10760	0.08508	0.895	0.1295	0.3556
	5门及以上	0门	0.35679	0.15950	0.289	0.1162	0.8098
		1门	0.05525	0.09737	1.000	0.2215	0.3299
		2门	0.05333	0.08352	1.000	0.2785	0.1918
		3门	0.10760	0.08508	0.895	0.3556	0.1295

续表

因变量	曾经及当前以网络方式学习的课程门数	曾经及当前以网络方式学习的课程门数	平均值差值（I - J）	标准错误	显著性	95%置信区间	
						下限	上限
交互与合作能力	0门	1门	0.37536*	0.15552	0.016	0.6806	0.0701
		2门	0.38613*	0.15930	0.010	0.6791	0.0931
		3门	0.57105*	0.15930	0.002	0.7651	0.1780
		5门及以上	0.50288*	0.13663	0.003	0.6710	0.1357
	1门	0门	0.37536*	0.15552	0.016	0.0701	0.6806
		2门	0.01077	0.11397	0.925	0.2355	0.2129
		3门	0.09570	0.11397	0.501	0.3195	0.1280
		5门及以上	0.02753	0.09677	0.776	0.2175	0.1625
	2门	0门	0.38613*	0.15930	0.010	0.0931	0.6791
		1门	0.01077	0.11397	0.925	0.2129	0.2355
		3门	0.08593	0.10532	0.520	0.2916	0.1218
		5门及以上	0.01676	0.08652	0.856	0.1865	0.1528
	3门	0门	0.57105*	0.15930	0.002	0.1780	0.7651
		1门	0.09570	0.11397	0.501	0.1280	0.3195
		2门	0.08593	0.10532	0.520	0.1218	0.2916
		5门及以上	0.06817	0.08652	0.530	0.1015	0.2378
	5门及以上	0门	0.50288*	0.13663	0.003	0.1357	0.6710
		1门	0.02753	0.09677	0.776	0.1625	0.2175
		2门	0.01676	0.08652	0.856	0.1528	0.1865
		3门	0.06817	0.08652	0.530	0.2378	0.1015

如表 7 - 24 所示，采用 Tamhane's T2 对网络学习态度和意识、信息素养和技能、学习过程调控能力、学习策略管理能力分析，根据事后比较的结果，在网络学习态度和意识上，P 小于 0.05，网络学习态度和意识在网络学习经历上存在显著性差异，具有 0 门网络课程经历的学生在网络学习态度和意识方面均值显著小于具有 3 门网络课程经历学生的均值。

根据事后比较的结果，F = 2.591，P 小于 0.05，交互与合作能力在网络学习经历上存在显著性差异，具有 0 门网络课程经历学生在交互与合作能力方面的均值显著小于具有 1、2、3、5 门及以上网络课程经历学生的均值。

对于二级指标，得到以下结果：

①学习态度在网络学习经历上存在显著性差异，具有 0 门网络课程经历学生的均值显著小于具有 3 门网络课程经历学生的均值。

②信息技术知识和技能在网络学习经历上存在显著性差异，具有 0 门网络课程经历学生的均值显著小于具有 3 门网络课程经历学生的均值。

③目标设置、计划制定和执行、反思和评价在网络学习经历上不存在显著性差异。

④具有 0 门网络课程经历的学生在学习方法方面的得分均值显著小于具有 1、2、3、5 门及以上网络课程经历学生的均值，而时间管理、环境管理、困难管理在网络学习经历上不存在显著性差异。

⑤师生交流、积极参与、表达自己在网络学习经历方面不存在显著性差异；合作贡献在网络学习经历上存在显著性差异，具有 0 门网络课程经历学生的均值显著小于具有 1、2、3、5 门及以上网络课程经历的均值；生生交流在网络学习经历上存在显著性差异，具有 0 门网络课程经历学生的均值显著小于具有 3 门网络课程经历学生的均值。

综上所述，学习态度、信息技术知识和技能、学习方法、生生交流、合作贡献在网络学习经历上存在显著性差异。

7.4 结论

通过调查和数据的统计分析，可以得到有关大学生网络学习能力的如下主要结论：

（1）大学生具有较高的网络学习能力。通过调查发现大学生的网络学习能力基本达到了较高的水平，具有积极的网络学习态度和意识，具备了一定的信息素养和技能，具有必要的学习过程调控能力，拥有良好的学习策略管理能力，具有较强的交互与合作能力。当今大学生对互联网接触较多，能够很好地适应网络学习的方式。

（2）大学生在网络学习中的交互与合作能力相对最强。在网络学习能力的五个维度中，大学生的交互与合作能力得分最高，反映出大学生擅于在网络上开展各种交流和互动，乐于积极投入到合作活动中并贡献自己的力量。然而，师生交流能力相比较弱，如何促进大学生与教师的交流和互动是值得关注的一点。

（3）大学生在网络学习过程调控能力方面相对较弱。从一级维度来看，学习过程调控能力得分最低，说明大学生对网络学习的计划、监控、调节和反思能力有待提升。网络学习具有很大的自主性，同时网络上的干扰因素也很多，这需要学习者在学习目的的设定和执行上具有较强的控制能力。学习过程调控能力对网络学习的坚持和效果具有重要影响，是大学生需要进一步提高的能力，特别是在学习计划的制定和执行能力方面。

（4）大学生在信息素养和技能方面的能力也有待提升。信息素养和技能的得分在五个一级维度中也较低，反映出大学生信息素养和信息技术技能上还有进步的空间。从二级维度来看，发现信息素养的得分并不算低，而信息技术知识和技能方面的得分是所有二级维度中最低的（5.75）。这说明对信息技术基本知识和操作技能的掌握还有待加强，这有助于消除因技术使用问题给学习带来的不利影响。

（5）大学生网络学习能力不存在性别差异。研究表明，男女生在网络学习能力的各一级维度和二级维度上均没有显著差异，即男生和女生具有基本同等的网络学习能力。

（6）20岁及以下的学生具有更为积极的网络学习态度。研究发现，在网络学习和意识方面，20岁及以下的学生得分高于20岁以上学生。从二级维度来看，主要是20岁及以下的学生具有更为积极的网络学习态度，他们对网络学习更加认同，利用网络学习的意愿更大。除了学习态度和动机，其他维度的网络学习能力并没有年龄差异。由于学生刚进入大学，对于学习具有一定的上进心和积极性，对网络学习具有一定的期待，在一段学习后可能会受到课程难度、教学方式、交流不畅通等因素影响，学生对网络学习的热情会有所下降。

（7）大一新生具有相对更高的网络学习能力。数据显示，网络学习态度和意识、信息素养和技能、学习过程管理能力、学习策略管理能力、交互与合作能力在年级方面均存在显著性差异，且大一学生的得分均比大二高。从二级维度来看，只有信息技术知识和技能没有年级差异。由此可见，大一新生对自己的网络学习能力更加自信。

（8）全日制学生在网络学习能力方面要优于非全日制学生。无论是网络学习能力的一级指标还是二级指标各维度，全日制学生和非全日制学生都表现出明显的差异性。非全日制学生在样本中数量不多，但这些学生在网络学习能力方面显著低于全日制学生，这也说明在网络教学中应该对非全日制学生给予更多的关注。

（9）各类专业学生的网络学习能力没有差异。研究数据显示，网络学习态度和意识、信息素养和技能、学习过程管理能力、学习策略管理能力、交互与合作能力在学生就读的专业方面不存在显著性差异。

（10）网络学习经历有助于学生网络学习能力的提升。没有网络学习经历的学生在交互与合作能力方面显著低于具有一定网络学习经历的学生。同时，没有网络学习经历的学生在学习方法使用、有效开展合作学习方面显著低于具有一定网络学习经历的学生。此外，没有网络学习经历的学生在学习态度、信息技术知识和技能、生生交流能力等方面也有一定劣势。这些都说明，网络学习经历对网络学习能力具有正面积极影响。经过网络学习，学生能够认识到网络学习的重要性及必要性，也能够很好地与同学及老师交流合作。学校要提供优质的网络学习课程，让学生在学习中有所收获，真正认同网络学习并能够作为终身学习的一种方式。

第八章 高校教师网络教学素养调查研究报告

8.1 高校教师网络教学素养调查问卷的设计

8.1.1 高校教师网络教学素养调查问卷设计基础

无论是远程教育还是校园教育，无论是面向学生群体还是更广泛的社会大众，网络教育已经成为重要的教育教学形式。在网络教育逐步成为重要教育教学手段的背景下，教师的网络教学能力和素养受到越来越多的关注。在新冠肺炎疫情期间，网络教学作为应急方案更是得到了广泛的尝试和应用。新时代背景下，网络教学素养应该是高校教师教学能力的重要组成部分。本研究聚焦于高校教师网络教学素养，主要探讨高校教师网络教学素养的维度构成和发展现状，为进一步教学改革提供参考。

从现有文献来看，已有不少研究关注了高校教师网络教学能力或素养的发展问题。但是，仍然缺少对高校教师网络教学素养的系统性构建和研究。不过，我们发现在教师能力、教师教学设计能力、教师教育技术能力等方面已存在比较成熟的研究成果，这为我们探讨高校教师网络教学素养打下了很好的基础。

国际培训、绩效和教学标准委员会（IBSTPI）开发的教师能力标准具有很大的国际影响力，其2004年版本将教师能力划分为5个维度、18项能力和98条具体指标，其大体框架如下表所示。

表 8 - 1　IBSTPI 教师能力标准（2004 版）①

能力维度	二级指标
一、专业基础	能力 1：有效地交流沟通
	能力 2：更新和提高自己的专业知识和技能
	能力 3：遵守已有的道德和法律条文
	能力 4：树立和维护职业声誉
二、计划与准备	能力 5：设计教学方法和教学内容
	能力 6：教学准备
三、教学方法与策略	能力 7：激发并维持学习者的学习动机和学习投入
	能力 8：表现出有效的表达技巧
	能力 9：表现出有效的促学技巧
	能力 10：表现出有效的提问技能
	能力 11：提供阐释和反馈
	能力 12：促时知识和技能的巩固
	能力 13：促进知识和技能的迁移
	能力 14：使用媒体和技术来加强学习、改进绩效
四、评估与评价	能力 15：评估学习和绩效
	能力 16：评价教学效果
五、教学管理	能力 17：管理促进学习与改进绩效的环境
	能力 18：适当地使用技术管理教学过程

　　除了教师能力标准，IBSTPI 还开发有专门的教学设计能力标准，其 2013 年版本的教学设计能力标准包括 5 大维度、22 项大类标准和 106 个字条目，其大体框架如下表所示。

---

① 李高峰. IBSTPI 教师能力标准述评 [J]. 教育探索，2013，（05）：18 - 19.

表 8 –2 IBSTPI 教学设计能力标准（2013 版）①

能力维度	二级指标
一、专业基础领域	标准 1：以图示的、口头的或书面表达的形式有效地进行交流
	标准 2：将研究和理论运用于教学设计学科
	标准 3：更新并提升关于教学设计过程和其它领域的知识、技能与态度
	标准 4：在教学设计项目中运用数据收集和分析技能
	标准 5：确认并回应在工作场所设计产生的道德、法律及政治影响
二、计划与分析领域	标准 6：开展需求评估以确定合适的设计方案和策略
	标准 7：识别并描述目标人群以及环境特征
	标准 8：选择和运用多种分析技术以确定教学内容
	标准 9：分析已有的和新兴的技术特征及其潜在用途
三、设计与开发领域	标准 10：根据某一特定的项目能运用适当的教学设计和开发过程
	标准 11：组织教学大纲以及/或者将要设计、开发、评估的成果
	标准 12：设计教学干预与介入方式
	标准 13：规划非教学干预与介入方式
	标准 14：选择或调整现有的教学材料
	标准 15：提出具体规范的要求作为媒体制作的基础
	标准 16：设计学习评估
四、评价与实施领域	标准 17：评估教学和非教学干预措施
	标准 18：依据获得的数据调整教学和非教学解决方案
	标准 19：实施、发布及传播教学和非教学干预措施
五、教学管理	标准 20：运用商业技能管理教学设计功能
	标准 21：管理伙伴关系及合作关系
	标准 22：计划并管理教学设计项目

此外，我国研制有《国家高校教师教育技术能力指南》，教育技术能力与网络教学能力有更加相近的关系，该指南将高校教师教育技术能力划分为 5

---

① 方向，盛群力．IBSTPI 国际教学设计能力新标准述要——教学设计师专业化发展的一种图景 [J]．远程教育杂志，2015, 33 (03)：82 – 87.

个部分、17 个二级指标、54 个三级指标，其大体框架如下表所示。

表 8 – 3　国家高校教师教育技术能力指南①

能力维度	二级指标
一、意识与责任	1. 能够意识到教育技术对于高校教学的重要性
	2. 具有应用教育技术促进自身专业发展的意识
	3. 能够遵守与技术使用相关的法律法规和社会道德
二、知识与技能	4. 了解教育技术的基本理论与方法
	5. 掌握教学系统设计的一般模式和方法
	6. 掌握数字化教学的特点、模式与方法
	7. 掌握基本的信息技术工具和方法
三、设计与实施	8. 能够确定合理的教学目标，选择有效的教学内容
	9. 能够设计并实施有效的教学活动
	10. 能够为教学提供恰当的媒体，资源工具，创设有效的学习环境
	11. 能够与同行和管理人员等就教学问题进行有效交流
四、教学评价	12. 掌握基本的评价理念
	13. 能够对教学活动过程进行合理的评价、反思与调整
	14. 能够选择合适的评价方法全面评价学生的学习绩效
五、科研与创新	15. 能够关注新技术和方法并应用其改进教学
	16. 能够借助技术手段开展广泛的学术研究、合作与交流
	17. 能够利用教育技术提高科研项目的管理水平和研究团队的效率

以上这些相对比较成熟的教师相关能力标准为我们设计高校教师网络教学素养调查问卷提供了很好的基础。

8.1.2　高校教师网络教学素养的结构框架

在参考已有研究成果基础上，结合对网络教学过程和行为的分析，确定了高校教师网络教学素养的构成框架，如图 8 – 1 所示。

---

① 马宁，陈庚，刘俊生，丁杰，余胜泉.《国家高校教师教育技术能力指南》的研究［J］. 远程教育杂志，2011，29（06）：3 – 9.

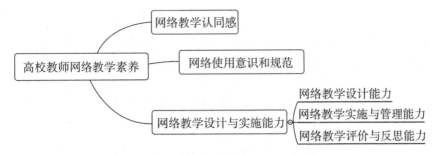

图 8 - 1　高校教师网络教学素养的结构框架

本研究将高校教师网络教学素养分为：网络教学认同感、网络使用意识和规范、网络教学设计与实施能力三大部分。其中，网络教学设计与实施能力又分为：网络教学设计能力、网络教学实施与管理能力、网络教学评价与反思能力三个子部分。

（1）网络教学认同感

网络教学认同感是指高校教师对网络教学的认可程度，包括开展网络教学的意愿、对网络教学价值的认可等。对网络教学形式具有一定的认同是开展好网络教学的重要基础。如果教师不认同网络教学，对网络教学持有消极态度，甚至抵触情绪，势必会影响教师对网络教学的投入。网络教学认同感的具体内容如表 8 - 4 所示。

表 8 - 4　网络教学认同感

一级指标	具体表现
网络教学认同感	认同网络教学的教学效果
	愿意开展网络教学
	开展网络教学具有价值和意义
	网络教学有益于自身专业发展
	网络教学是一种未来趋势

（2）网络使用意识和规范

网络教学和课堂教学的一个很大区别在于，教学活动和教学交互行为发生在网络空间。传统课堂教学空间具有一定的封闭性、私密性，而网络教学空间具有一定的开放性、公开性。由于网络教学空间的特殊性，教师更应该注重自己的教学言行规范，以免造成不良的社会影响。网络使用意识和规范是指高校教师能够有意识地积极地将新的网络技术应用于教学中，以及合理合法地使用网络技术进行教学。具体内容如表8-5所示。

表8-5　网络使用意识和规范

一级指标	具体表现
网络使用 意识和规范	应用新观念、新技术促进网络教学的意识
	遵守与网络技术使用相关的法律、法规
	注重自身的言行，遵守职业道德规范

（3）网络教学设计与实施能力

网络教学设计与实施能力是高校网络教学素养的重要组成部分。具有良好的网络教学设计与实施能力是成功开展网络教学的重要保障。本研究将网络教学设计与实施能力细分为网络教学设计能力、网络教学实施与管理能力、网络教学评价与反思能力三个子能力。其中，网络教学设计能力是指高校教师进行网络教学设计的能力，包括学习者分析、教学目标设计、教学内容和策略设计等内容。网络教学实施与管理能力是指高校教师实际开展网络教学和对网络教学过程进行管理等方面的能力。网络教学评价与反思能力是指高校教师对学生学习和自身教学进行评价和反思的能力。网络教学设计与实施能力及其子能力的具体内容如表8-6所示。

表8-6　网络教学设计与实施能力

一级指标	二级指标	具体表现
网络教学设计 与实施能力	网络教学 设计能力	对网络学习者的特征进行分析
		编写明确、具体的教学目标
		对教学内容进行有效地选择
		合理地组织教学内容
		设计有效的教学活动和流程
		选用恰当的教学媒体和教学资源

续表

一级指标	二级指标	具体表现
网络教学设计与实施能力	网络教学实施与管理能力	有效地实施网络教学活动
		应用网络教学平台和各种技术工具开展教学活动
		创设利于协作、交流、互动的学习环境
		提供必要的教学辅助、指导和支持
		及时解答学习者的疑惑，做出反馈
		准确、清楚、连贯地表达教学内容
		有效呈现教学内容
		激发并维持学习者的学习动机和学习投入
		促进学习者对知识的吸收、巩固和迁移
		维持正常教学秩序
		对教学过程进行有效的监管
		就教学过程中出现的问题与相关人员进行有效沟通
		帮助学习者解决心理、学习时间等方面的学习困难
	网络教学评价与反思能力	设计合理的作业、考试、任务等
		收集教与学的相关数据
		对获取的评价数据进行合理地解释
		根据教学评价结果对教学进行反思
		及时调整和优化教学过程

8.1.3 高校教师网络教学素养调查问卷的题目设计

根据上述对网络教学素养的维度划分，设计形成高校教师网络教学素养调查问卷。调查问卷共分为两大部分，具体问卷参见附录2。

问卷第一部分是对教师基本情况的调查，包括7道题目，即教师的性别、年龄、教龄、学历、专业技术职称、专业领域、网络教学经历等。

问卷第二部分是对网络教学素养的调查。共有32个题项，采用6点记分法："1 = 非常不符合"、"2 = 比较不符合"、"3 = 不太符合"、"4 = 有些符合"、"5 = 比较符合"、"6 = 非常符合"。得分越高，表明教师的网络教学能力或素养越强。

8.2 问卷的发放与回收

完成问卷设计之后，利用问卷星平台面向特定的高校教师群体进行了问卷发放。共计回收问卷 113，剔除无效问卷 1 份，共有有效问卷 112 份。之后，使用 SPSS 软件对回收的有效数据进行统计分析。

8.3 问卷信效度分析

8.3.1 问卷信度分析

利用 SPSS 软件对数据进行信度分析，首先对问卷整体进行信度分析，得到表 8-7，其中，$\alpha = 0.984 > 0.9$。信度系数越大，表明测量的可信程度越大，因此该量表信度非常好。

表 8-7 教师网络教学素养问卷整体信度分析

克隆巴赫 Alpha	项数
0.984	32

接下来，对问卷各一级维度分别进行了信度分析，如表 8-8 所示。其中克隆巴赫系数 α 均大于 0.9，因此问卷的信度非常好。

表 8-8 教师网络教学素养一级维度信度分析

一级维度	克隆巴赫 Alpha	项数
网络教学认同感	0.906	5
网络使用意识和规范	0.914	3
网络教学设计与实施能力	0.988	24

8.3.2 问卷效度分析

使用 SPSS 对问卷进行效度分析。KMO 和 Bartlett 的检验结果如表 8-9 所示。其中，KMO 值为 0.931，接近于 1；同时巴特利特球形度检验中的 Sig 值为 0.000，小于显著水平 0.05，变量之间存在相关关系，说明这些数据适合进行因子分析。

表 8-9　KMO 和巴特利特检验

KMO 取样适切性量数		0.931
巴特利特球形度检验	近似卡方	5372.842
	自由度	496
	显著性	0.000

表 8-10 是因子解释原始变量总方差的情况。由表 8-10 可知，提取出了三个初始特征值大于 1 的公共因子。三个因子对总方差的累计贡献率为 80.57%。

表 8-10　总方差解释情况

成分	初始特征值			提取载荷平方和			旋转载荷平方和		
	总计	方差百分比	累积 %	总计	方差百分比	累积 %	总计	方差百分比	累积 %
1	22.202	69.381	69.381	22.202	69.381	69.381	16.567	51.772	51.772
2	2.393	7.477	76.857	2.393	7.477	76.857	5.494	17.169	68.941
3	1.189	3.715	80.572	1.189	3.715	80.572	3.722	11.631	80.572

注：提取方法：主成分分析法。

图 8-2 是对应的碎石图，从图可知，提取三个因子是比较合理的。

表 8-11 是通过旋转后的成分矩阵表。由表可知，三个公共因子分别对应网络教学认同感、网络使用意识和规范、网络教学设计与实施能力。虽然有个别道题目在其他维度也有较高载荷，但整体来说效度较好。

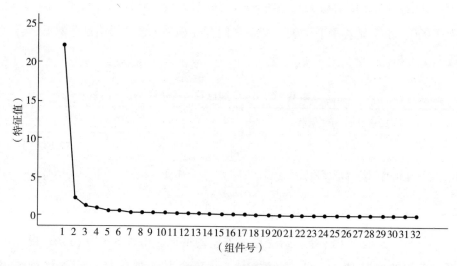

图 8-2　碎石图

表 8-11　旋转后的成分矩阵[a]

	成分		
	1	2	3
我认同网络教学的教学效果		0.669	
我愿意开展网络教学		0.816	
我觉得开展网络教学具有价值和意义		0.847	
我觉得网络教学有益于自身专业发展		0.825	
我认为网络教学是一种未来趋势		0.646	0.573
我具有尝试应用新观念、新技术促进网络教学			0.603
我能够遵守与网络技术使用相关的法律、法规			0.774
我在网络教学中，能注重自身的言行，遵守师德规范			0.778
我能够对网络学习者的特征进行分析	0.751		
我能够结合学习者特征和学科特点，编写教案	0.696	0.524	
我能够对教学内容进行有效的选择	0.789		
我能够合理地组织教学内容	0.862		
我能够选择合适的网络教学方法和策略，设计教学方案	0.837		
我能够在网络教学中，选用恰当的教学媒体技术	0.844		

续表

	成分		
	1	2	3
我能够根据教学计划，有效地实施网络教学计划	0.864		
我能够熟练应用网络教学平台和各种技术工具	0.832		
我能够为学习者创设利于协作、交流、互动	0.801		
我能够为学习者学习提供必要的教学辅助	0.818		
我能够使用各种交流工具，及时解答学习者疑问	0.783		
我能够在网络教学中准确、清楚、连贯地表达教学内容	0.831		
我能够灵活运用文字、图片、视频、微课等讲授课程	0.829		
我能够激发并维持学习者的学习动机和学习兴趣	0.749		
我能够有效地促进学习者对知识的吸收、巩固	0.808		
我能够维持正常教学秩序，促进学习者有效学习	0.793		
我能够对教学过程进行有效的监管，及时发现问题	0.770		
我能够与教务管理、技术支持等人员就教学安排及实施进行沟通	0.747		
我能够帮助学习者解决心理、学习时间等方面的问题	0.810		
我能够设计合理的作业、考试、任务等，全面综合考查学生	0.820		
我能够借助技术手段收集数据，对教学过程进行监控	0.850		
我能够对获取的评价数据进行合理的解释	0.823		
我能够根据教学评价结果对教学进行反思	0.820		
我能够及时调整和优化教学过程	0.865		

注：提取方法：主成分分析法。

旋转方法：凯撒正态化最大方差法。

a. 旋转在 6 次迭代后已收敛。

8.4 调查数据统计

8.4.1 基本信息统计

样本教师的基本信息统计结果如表 8-12 所示。

表 8-12　教师基本信息统计（N=112）

	选项	人数	比例%
性别	男	33	29.46
	女	79	70.54
年龄	30 岁及以下	38	33.93
	31-40 岁	35	31.25
	41-50 岁	28	25.00
	51-60 岁	11	9.82
教龄	5 年及以下	50	44.64
	6-10 年	17	15.18
	11-20 年	25	22.32
	20 年以上	20	17.86
专业技术职务	教授或相当	3	2.68
	副教授或相当	20	17.86
	讲师或相当	44	39.29
	助教或相当	30	26.79
	其他	15	13.39
学历	博士	1	0.89
	硕士	54	48.21
	本科	55	49.11
	大专	1	0.89
	其他	1	0.89
任教专业领域	哲学	1	0.89
	经济学	11	9.82
	法学	5	4.46
	工学	31	27.68
	管理学	27	24.11
	教育学	11	9.82
	文学	5	4.46
	理学	12	10.71
	艺术学	9	8.04

续表

	选项	人数	比例%
网络授课门数	0 门	21	18.75
	1 门	18	16.07
	2 门	27	24.11
	3 门	13	11.61
	4 门及以上	33	29.46

由表可知，参加调查的教师中，女性比较多，其中男性教师占 29.46%，女性教师占比 70.54%。在年龄方面，年龄分布较为均衡，其中 40 岁以下的教师居多。在教龄方面，5 年及以下教龄的教师占参加调查的所有教师人数的接近一半。在职称方面，讲师或相当职位的教师占比最多。在学历方面，教师的最高学历大多集中在硕士和本科，基本上各占一半。在专业领域方面，教师较多任教于工学和管理学领域。在网络教学经历方面，大多数教师进行过网络课程的教学，有过网络教学的经验，但也有约五分之一教师的没有网络教学经历。

8.4.2　高校教师网络教学素养的描述性统计

首先，对高校教师网络教学素养各个一级指标得分进行描述性统计，结果如表 8-13 所示。

表 8-13　高校教师网络教学素养一级指标描述性统计结果（N=112）

一级指标	平均值	标准差
网络教学认同感	5.18	0.85
网络使用意识和规范	5.68	0.63
网络教学设计和实施能力	5.35	0.69

由表 8-13 可知，教师网络教学认同感的均值为 5.18，表明高校教师对网络教学具有正向的认同感，教师认同网络教学的教学效果、价值和意义，并且赞同网络教学是未来发展趋势，同时大多教师愿意开展网络教学，认为网络教学的开展有利于自身专业的发展。

高校教师在网络使用意识和规范指标上的均值为5.68，接近6.00，由此可知教师具有很好的网络使用意识和规范，也就是具有应用新观念和新技术的意识，能够在网络教学中遵守相关的法律、法规和职业道德。

高校教师在网络教学设计与实施能力指标上的均值为5.35，由此可知教师们普遍认为自己具有较好的网络教学设计和实施能力，或者说普遍认为自己可以胜任网络教学。

对三个一级指标得分由高到低进行排序依次为：网络使用意识和规范（5.68）、网络教学设计和实施能力（5.35）、网络教学认同感（5.18）。可见，高校教师的网络使用意识和规范得分最高，说明教师的职业责任感强；网络教学设计和实施能力得分居中；高校教师对网络教学的认同感相对其他指标来说还有一定的差距，还值得进一步提升。

进一步对网络教学设计和实施能力的二级指标进行描述性统计，结果如表8-14所示。

表8-14　网络教学设计与实施能力各二级指标描述性统计结果（N=112）

二级指标	平均值	标准差
网络教学设计能力	5.38	0.68
网络教学实施与管理能力	5.33	0.72
网络教学评价与反思能力	5.36	0.73

由表8-14可知，高校教师具有良好的网络教学设计能力、网络教学实施与管理能力、网络教学评价与反思能力，三个指标上的得分均在5.30以上，且相差很小。具体来说，高校教师认为自己具有良好的学习者分析、教学目标设置、教学内容设计、教学策略和教学媒体选择等能力；能够较好地实施网络教学活动、运用网络教学技巧、进行网络教学过程管理等；而且在网络教学评价和反思方面有良好的能力表现。

8.4.3　高校教师网络教学素养的差异分析

首先根据调查数据确定分组变量的类别个数，将频数少的类别进行合并，分组变量的类别个数如表8-15所示。

表 8 - 15　分组变量的类别

分组变量	类别
性别	男（1）、女（2）
年龄	30 岁及以下（1）、31 - 40 岁（2）、41 - 50 岁（3）、51 - 60 岁（4）、60 岁以上（5）
教龄	5 年及以下（1）、6 - 10 年（2）、11 - 20 年（3）、20 年以上（4）
专业技术职务	教授、副教授（1）、讲师、助教与其他（2）
学历	博硕（1）、其他（2）
任教专业领域	理工（1）、经管（2）、其他（3）
网络授课门数	0 门（1）、1 门（2）、2 门（3）、3 门（4）、4 门及以上（5）

（1）性别的差异性检验

表 8 - 16　不同性别在一级指标上的差异检验

		莱文方差等同性检验		平均值等同性 t 检验						
		F	显著性	t	自由度	Sig.（双尾）	平均值差值	标准误差差值	差值95%置信区间	
									下限	上限
认同感	假定等方差	0.163	0.687	0.332	110	0.741	0.05869	0.17683	0.29174	0.40912
	不假定等方差			0.353	69.211	0.725	0.05869	0.16626	0.27297	0.39035
意识和规范	假定等方差	1.161	0.284	0.384	110	0.702	0.05051	0.13146	0.21002	0.31103
	不假定等方差			0.481	101.574	0.632	0.05051	0.10506	0.15790	0.25891
设计与实施能力	假定等方差	1.747	0.189	1.335	110	0.185	0.19213	0.14393	0.09311	0.47736
	不假定等方差			1.587	91.004	0.116	0.19213	0.12110	0.04841	0.43267

由表 8 - 16 莱文方差等同性检验结果可知，网络教学认同感、网络使用

意识和规范、网络教学设计与实施能力的方差齐性检验结果均为两组方差齐性（P>0.05）。从t检验的结果中可知，Sig. 均大于0.05，则在0.05显著性水平下，网络教学认同感、网络使用意识和规范、网络教学设计与实施能力在性别上均不存在显著差异，也就是男教师和女教师的网络教学素养基本相同。

表8-17　不同性别在网络教学设计与管理能力二级指标上的差异检验

| | | 莱文方差等同性检验 | | 平均值等同性 t 检验 | | | | | 差值95% 置信区间 | |
		F	显著性	t	自由度	Sig.（双尾）	平均值差值	标准误差差值	下限	上限
设计能力	假定等方差	1.270	0.262	1.500	110	0.136	0.21091	0.14060	0.06773	0.48955
	不假定等方差			1.749	86.903	0.084	0.21091	0.12059	0.02877	0.45059
实施与管理能力	假定等方差	1.383	0.242	1.343	110	0.182	0.20094	0.14958	0.09550	0.49738
	不假定等方差			1.591	90.313	0.115	0.20094	0.12626	0.04989	0.45176
评价与反思能力	假定等方差	2.840	0.095	0.975	110	0.332	0.14668	0.15042	0.15142	0.44478
	不假定等方差			1.175	93.932	0.243	0.14668	0.12484	0.10119	0.39455

由表8-17莱文方差等同性检验结果可知，网络教学设计能力、网络教学实施与管理能力、网络教学评价与反思能力的方差齐性检验结果均为两组方差齐性（P>0.05）。从t检验的结果中可知，Sig. 均大于0.05，则在0.05显著性水平下，网络教学设计能力、网络教学实施与管理能力、网络教学评价与反思能力在性别上均不存在显著差异，也就是男教师和女教师的网络教学设计与管理能力基本相同。

进一步的统计分析发现：网络教学设计能力中的学习者分析、教学目标设计、教学策略设计、教学媒体设计以及教学内容设计能力在性别上均不存在显著差异；网络教学实施与管理能力中的教学活动实施、教学技巧以及教学过程管理能力在性别上均不存在显著差异；网络教学评价与反思能力中的教学评价和教学反思能力在性格上均不存在显著差异。

综上所述，高校教师的网络教学素养在性别方面没有显著性差异。

（2）年龄段的差异性检验

表 8 − 18　年龄段方差齐性检验（一级指标）

	莱文统计	自由度 1	自由度 2	显著性
网络教学认同感	2.241	3	108	0.088
网络使用意识和规范	2.004	3	108	0.118
网络教学设计与实施能力	2.045	3	108	0.112

由方差齐性检验结果可知，网络教学认同感、网络使用意识和规范、网络教学设计与实施能力对应的 P 值均大于 0.05，因此各组方差相等，见表 8 − 18。

表 8 − 19　年龄段 ANOVA（一级指标）

		平方和	自由度	均方	F	显著性
网络教学认同感	组间	1.472	3	0.491	0.674	0.570
	组内	78.667	108	0.728		
	总计	80.140	111			
网络使用意识和规范	组间	1.258	3	0.419	1.052	0.373
	组内	43.050	108	0.399		
	总计	44.309	111			
网络教学设计与实施能力	组间	0.750	3	0.250	0.508	0.678
	组内	53.150	108	0.492		
	总计	53.900	111			

由单因素方差分析的结果可知，P 值均大于 0.05，不存在显著性差异，网络教学认同感、网络使用意识和规范以及网络教学设计与实施能力在年龄段上不存在显著性差异，也就是不同年龄段的高校教师的网络教学素养基本相同，

见表 8 – 19。

表 8 – 20　年龄段方差齐性检验（二级指标）

	莱文统计	自由度 1	自由度 2	显著性
设计能力	2.248	3	108	0.087
实施与管理能力	2.090	3	108	0.106
评价与反思能力	2.767	3	108	0.045

由方差齐性检验结果可知，设计能力、实施与管理能力对应的 P 值均大于 0.05，因此方差齐性。评价与反思能力对应的 P 值小于 0.05，方差不齐性，见表 8 – 20。

表 8 – 21　年龄段 ANOVA（二级指标）

		平方和	自由度	均方	F	显著性
设计能力	组间	0.030	3	0.010	0.021	0.996
	组内	51.623	108	0.478		
	总计	51.653	111			
实施与管理能力	组间	1.322	3	0.441	0.836	0.477
	组内	56.909	108	0.527		
	总计	58.231	111			

由单因素方差分析的结果可知，设计能力和实施管理能力对应的 P 值均大于 0.05，不存在显著性差异，设计能力和实施管理能力在年龄上不存在显著性差异，见表 8 – 21。

针对网络教学评价与反思能力进行多重比较，Tamhane 两两比较的结果显示，评价与反思能力对应的各项 P 值均大于 0.05，因此，评价与反思能力在年龄段上不存在显著差异，见表 8 – 22。

进一步的统计分析发现：网络教学设计能力中的学习者分析、教学目标设计、教学策略设计、教学媒体设计以及教学内容设计能力在年龄段上均不存在显著差异；网络教学实施与管理能力中的教学活动实施、教学技巧以及教学过程管理能力在年龄段上均不存在显著差异；网络教学评价与反思能力中的教学评价和教学反思能力在年龄段上均不存在显著差异。

表 8-22　年龄段的多重比较（网络教学评价与反思能力）

因变量		(I) @2、您的年龄	(J) @2、您的年龄	平均值差值 (I-J)	标准错误	显著性	95% 置信区间	
							下限	上限
评价与反思能力	Tamhane	1	2	0.23023	0.18693	0.781	0.2821	0.7425
			3	0.02594	0.13820	1.000	0.3518	0.4037
			4	0.12010	0.22637	0.996	0.5794	0.8196
		2	1	0.23023	0.18693	0.781	0.7425	0.2821
			3	0.20429	0.20169	0.897	0.7541	0.3455
			4	0.11013	0.26986	0.999	0.8839	0.6636
		3	1	0.02594	0.13820	1.000	0.4037	0.3518
			2	0.20429	0.20169	0.897	0.3455	0.7541
			4	0.09416	0.23870	0.999	0.6222	0.8105
		4	1	0.12010	0.22637	0.996	0.8196	0.5794
			2	0.11013	0.26986	0.999	0.6636	0.8839
			3	0.09416	0.23870	0.999	0.8105	0.6222

综上所述，不同年龄段高校教师的网络教学素养没有显著性差异。

（3）教龄的差异性检验

表 8-23　教龄方差齐性检验

	莱文统计	自由度1	自由度2	显著性
网络教学认同感	4.217	3	108	0.007
网络使用意识和规范	6.598	3	108	0.000
网络教学设计与实施能力	1.184	3	108	0.319

由方差齐性检验结果得知，网络教学认同感、网络使用意识和规范对应的 P 值均小于 0.05，方差不齐性。网络教学设计与实施能力对应的 P 值大于 0.05，方差齐性，见表 8-23。

表 8 –24　教龄 ANOVA（网络教学设计与实施能力）

		平方和	自由度	均方	F	显著性
网络教学设计与实施能力	组间	3.030	3	1.010	2.144	0.099
	组内	50.870	108	0.471		
	总计	53.900	111			

由单因素方差分析的结果可知，网络教学设计与实施能力对应的 P 值大于 0.05，不存在显著性差异，因此网络教学设计与实施在教龄上不存在显著性差异，见表 8 –24。

在多重比较中，Tamhane 两两比较的结果显示，关于网络教学认同感和网络使用意识和规范，教龄在 5 年及以下的教师与教龄在 11 – 20 年之间的教师存在显著差异，教龄在 11 – 20 年之间的教师得分高于教龄在 5 年及以下的教师；网络教学设计与实施能力在教龄上不存在显著差异，见表 8 –25。

表 8 –25　教龄多重比较

因变量		(I) @3、您的教龄	(J) @3、您的教龄	平均值差值（I－J）	标准错误	显著性	95% 置信区间	
							下限	上限
网络教学认同感	Tamhane	1	2	0.07129	0.35926	1.000	0.9858	1.1284
			3	0.50000 *	0.15724	0.015	0.9299	0.0701
			4	0.22400	0.19153	0.823	0.7603	0.3123
		2	1	0.07129	0.35926	1.000	1.1284	0.9858
			3	0.57129	0.36770	0.583	1.6432	0.5006
			4	0.29529	0.38362	0.972	1.3984	0.8078
		3	1	0.50000 *	0.15724	0.015	0.0701	0.9299
			2	0.57129	0.36770	0.583	0.5006	1.6432
			4	0.27600	0.20693	0.718	0.2990	0.8510
		4	1	0.22400	0.19153	0.823	0.3123	0.7603
			2	0.29529	0.38362	0.972	0.8078	1.3984
			3	0.27600	0.20693	0.718	0.8510	0.2990

续表

因变量		(I) @3、您的教龄	(J) @3、您的教龄	平均值差值（I－J）	标准错误	显著性	95% 置信区间	
							下限	上限
网络使用意识和规范	Tamhane	1	2	0.21490	0.31777	0.986	0.7255	1.1553
			3	0.25333*	0.08446	0.022	0.4818	0.0249
			4	0.17333	0.10224	0.454	0.4529	0.1062
		2	1	0.21490	0.31777	0.986	－1.1553	0.7255
			3	0.46824	0.31337	0.633	－1.4022	0.4657
			4	0.38824	0.31862	0.806	－1.3301	0.5537
		3	1	0.25333*	0.08446	0.022	0.0249	0.4818
			2	0.46824	0.31337	0.633	0.4657	1.4022
			4	0.08000	0.08761	0.936	0.1652	0.3252
		4	1	0.17333	0.10224	0.454	0.1062	0.4529
			2	0.38824	0.31862	0.806	0.5537	1.3301
			3	0.08000	0.08761	0.936	0.3252	0.1652

注：① 5 年及以下；② 6－10 年；③ 11－20 年；④ 20 年以上

表 8－26　教龄方差齐性检验（二级指标）

	莱文统计	自由度 1	自由度 2	显著性
设计能力	0.403	3	108	0.751
实施与管理能力	1.548	3	108	0.206
评价与反思能力	1.214	3	108	0.308

由方差齐性检验结果可知，设计能力、实施与管理能力、评价与反思能力对应的 P 值均大于 0.05，因此，方差齐性检验结果为方差齐性，满足单因素方差分析中方差相等的要求，见表 8－26。

表 8－27　教龄 ANOVA（二级指标）

		平方和	自由度	均方	F	显著性
设计能力	组间	1.979	3	0.660	1.434	0.237
	组内	49.674	108	0.460		
	总计	51.653	111			

续表

		平方和	自由度	均方	F	显著性
实施与管理能力	组间	3.633	3	1.211	2.396	0.072
	组内	54.598	108	0.506		
	总计	58.231	111			
评价与反思能力	组间	3.398	3	1.133	2.223	0.090
	组内	55.036	108	0.510		
	总计	58.434	111			

由单因素方差分析的结果可知，P 值均大于 0.05，不存在显著性差异，因此设计能力、实施与管理能力以及评价与反思能力在教龄上不存在显著性差异。

进一步的统计分析发现：网络教学设计能力中的学习者分析、教学目标设计、教学策略设计、教学媒体设计以及教学内容设计能力在教龄上均不存在显著差异；网络教学实施与管理能力中的教学活动实施、教学技巧在教龄上均不存在显著差异，但是教学过程管理能力在教龄上存在显著性差异，教龄在 6－10 年的教师得分低于其他教龄教师；网络教学评价与反思能力中的教学评价和教学反思能力在教龄上均不存在显著差异。

综上所述，不同教龄段高校教师的网络教学素养存在一定差异；教龄较短的部分教师在网络教学认同感、网络使用意识和规范上不如老教师，在网络教学过程管理能力上也比较薄弱。

（4）职称的差异性检验

莱文方差等同性检验显示，网络教学认同感、网络使用意识和规范、网络教学设计与实施能力，均是 P＞0.05，方差齐性检验结果为两组方差齐。从 t 检验结果可知，Sig（双尾）的值均大于 0.05，则在 0.05 显著性水平下，网络教学认同感、网络使用意识和规范以及网络教学设计与实施能力在职称上均不存在显著差异，见表 8－28。

表 8 - 28　职称差异性检验（一级指标）

		莱文方差 等同性检验		平均值等同性 t 检验						
		F	显著性	t	自由度	Sig. （双尾）	平均值 差值	标准误 差差值	差值95%置信区间	
									下限	上限
网络教学认同感	假定等方差	0.104	0.748	1.476	110	0.143	0.29184	0.19771	0.09996	0.68365
	不假定等方差			1.609	38.710	0.116	0.29184	0.18133	0.07501	0.65870
网络使用意识和规范	假定等方差	2.928	0.090	1.613	110	0.110	0.23661	0.14673	0.05418	0.52739
	不假定等方差			2.478	84.278	0.015	0.23661	0.09548	0.04674	0.42647
教学设计与实施能力	假定等方差	0.011	0.918	1.322	110	0.189	0.21468	0.16245	0.10726	0.53663
	不假定等方差			1.470	39.952	0.149	0.21468	0.14607	0.08056	0.50992

表 8 - 29　职称差异性检验（二级指标）

		莱文方差 等同性检验		平均值等同性 t 检验						
		F	显著性	t	自由度	Sig. （双尾）	平均值 差值	标准误 差差值	差值95%置信区间	
									下限	上限
设计能力	假定等方差	0.290	0.591	1.147	110	0.254	0.18279	0.15934	0.13298	0.49856
	不假定等方差			1.345	43.809	0.185	0.18279	0.13587	0.09108	0.45666
实施与管理能力	假定等方差	0.013	0.910	1.326	110	0.188	0.22389	0.16885	0.11072	0.55850
	不假定等方差			1.430	38.046	0.161	0.22389	0.15661	0.09314	0.54092

续表

		莱文方差 等同性检验		平均值等同性 t 检验						
		F	显著性	t	自由度	Sig. （双尾）	平均值 差值	标准误 差差值	差值95% 置信区间	
									下限	上限
评价与 反思 能力	假定等 方差	0.460	0.499	1.354	110	0.178	0.22902	0.16908	0.10606	0.56410
	不假定 等方差			1.498	39.591	0.142	0.22902	0.15289	0.08008	0.53812

　　莱文方差等同性检验显示，设计能力、实施与管理能力、评价与反思能力，均为 P > 0.05，方差齐性检验结果为两组方差齐。从 t 检验结果可知，Sig（双尾）的值均大于 0.05，则在 0.05 显著性水平下，设计能力、实施与管理能力以及评价与反思能力在职称上均不存在显著差异，见表 8 - 29。

　　进一步的统计分析发现：网络教学设计能力中的学习者分析、教学目标设计、教学策略设计、教学媒体设计以及教学内容设计能力在职称上均不存在显著差异；网络教学实施与管理能力中的教学活动实施、教学技巧以及教学过程管理能力在职称上均不存在显著差异；网络教学评价与反思能力中的教学评价和教学反思能力在职称上均不存在显著差异。

　　综上所述，不同职称高校教师的网络教学素养没有显著性差异。

　　（5）学历的差异性检验

表 8 - 30　学历差异性检验（一级指标）

		莱文方差 等同性检验		平均值等同性 t 检验						
		F	显著性	t	自由度	Sig. （双尾）	平均值 差值	标准误 差差值	差值95% 置信区间	
									下限	上限
网络 教学 认同感	假定等 方差	0.260	0.611	1.402	110	0.164	0.22424	0.15991	0.09266	0.54114
	不假定 等方差			1.408	106.248	0.162	0.22424	0.15927	0.09151	0.53999

续表

		莱文方差等同性检验		平均值等同性 t 检验						
		F	显著性	t	自由度	Sig.（双尾）	平均值差值	标准误差差值	差值95%置信区间	
									下限	上限
使用意识和规范	假定等方差	15.555	0.000	3.281	110	0.001	0.37565	0.11449	0.14876	0.60254
	不假定等方差			3.330	67.856	0.001	0.37565	0.11283	0.15050	0.60080
教学设计与实施	假定等方差	1.187	0.278	0.381	110	0.704	0.05044	0.13222	0.21159	0.31247
	不假定等方差			0.384	102.255	0.702	0.05044	0.13149	0.21036	0.31123

莱文方差等同性检验显示，网络教学认同感、网络使用意识和规范、网络教学设计与实施能力，均为 P > 0.05，方差齐性检验结果为两组方差齐。从 t 检验的结果中可知，网络使用意识和规范的 Sig.（双尾）= 0.001 < 0.01，即网络使用意识和规范在学历上存在显著性差异，学历较高的教师具有更强的网络使用意识；而网络教学认同感和网络教学设计与实施能力在学历上均不存在显著差异，见表 8 - 30。

表 8 - 31　学历差异检验（二级指标）

		莱文方差等同性检验		平均值等同性 t 检验						
		F	显著性	t	自由度	Sig.（双尾）	平均值差值	标准误差差值	差值95%置信区间	
									下限	上限
设计能力	假定等方差	0.289	0.592	0.449	110	0.654	0.05811	0.12940	0.19834	0.31455
	不假定等方差			0.450	107.842	0.653	0.05811	0.12899	0.19758	0.31379
实施与管理能力	假定等方差	1.621	0.206	0.407	110	0.685	0.05589	0.13742	0.21644	0.32823
	不假定等方差			0.409	100.432	0.683	0.05589	0.13657	0.21505	0.32684
评价与反思能力	假定等方差	0.138	0.711	0.196	110	0.845	0.02705	0.13774	0.24591	0.30001
	不假定等方差			0.197	105.927	0.844	0.02705	0.13716	0.24490	0.29899

莱文方差等同性检验显示，设计能力、实施与管理能力、评价与反思能力，均为 P > 0.05，方差齐性检验结果为两组方差齐。从 t 检验的结果中可知，Sig（双尾）的值均大于 0.05，因此认为设计能力、实施与管理能力以及评价与反思能力在学历上均不存在显著差异，见表 8 - 30。

进一步的统计分析发现：网络教学设计能力中的学习者分析、教学目标设计、教学策略设计、教学媒体设计以及教学内容设计能力在学历上均不存在显著差异；网络教学实施与管理能力中的教学活动实施、教学技巧以及教学过程管理能力在学历上均不存在显著差异；网络教学评价与反思能力中的教学评价和教学反思能力在学历上均不存在显著差异。

综上所述，不同学历高校教师的网络教学素养总体上没有差异，不过学历较高的教师可能具有更强的网络使用意识。

（6）专业领域的差异性检验

表 8 - 32　专业领域方差齐性检验（一级指标）

	莱文统计	自由度 1	自由度 2	显著性
网络教学认同感	0.005	2	109	0.995
网络使用意识和规范	4.043	2	109	0.020
网络教学设计与实施能力	0.188	2	109	0.829

由方差齐性检验结果可知，网络教学认同感和网络教学设计与实施能力对应的 P 值均大于 0.05，因此，方差齐性，满足单因素方差分析中方差相等的要求。网络使用意识和规范对应的 P 值小于 0.05，方差不齐性，见表 8 - 32。

表 8 - 33　专业领域 ANOVA（一级指标）

		平方和	自由度	均方	F	显著性
网络教学认同感	组间	2.789	2	1.394	1.965	0.145
	组内	77.351	109	0.710		
	总计	80.140	111			
网络教学设计与实施能力	组间	0.944	2	0.472	0.972	0.382
	组内	52.956	109	0.486		
	总计	53.900	111			

由单因素方差分析结果得知，网络教学认同感和网络教学设计与实施能力对应的P值均大于0.05，因此网络教学认同感和网络教学设计与实施能力在教师任教的专业领域上不存在显著差异，见表8-33。

表8-34　专业领域多重比较（网络使用意识和规范）

因变量		(I) @ 6、您所任教的专业领域	(J) @ 6、您所任教的专业领域	平均值差值（I-J）	标准错误	显著性	95% 置信区间	
							下限	上限
网络使用意识和规范	Tamhane	1	2	0.20849	0.13060	0.311	0.5309	0.1139
			3	0.14579	0.16807	0.771	0.2651	0.5567
		2	1	0.20849	0.13060	0.311	0.1139	0.5309
			3	0.35427*	0.12063	0.017	0.0529	0.6556
		3	1	0.14579	0.16807	0.771	0.5567	0.2651
			2	0.35427*	0.12063	0.017	0.6556	0.0529

注：平均值差值的显著性水平为0.05。

在多重比较中，Tamhane两两比较的结果显示，任教于经管专业领域的教师和任教于其他非理工专业领域的教师的网络使用意识和规范得分存在显著性差异，任教于经管专业领域教师得分较高，见表8-34。

表8-35　专业领域方差齐性检验（二级指标）

	莱文统计	自由度1	自由度2	显著性
设计能力	0.155	2	109	0.856
实施与管理能力	0.343	2	109	0.710
评价与反思能力	0.658	2	109	0.520

由方差齐性检验结果可知，设计能力、实施与管理能力以及评价与反思能力对应的P值均大于0.05，因此，方差齐性，满足单因素方差分析中方差相等的要求，见表8-35。

表 8 −36　专业领域 ANOVA（二级指标）

		平方和	自由度	均方	F	显著性
设计能力	组间	1.069	2	0.535	1.152	0.320
	组内	50.583	109	0.464		
	总计	51.653	111			
实施与管理能力	组间	1.100	2	0.550	1.049	0.354
	组内	57.131	109	0.524		
	总计	58.231	111			
评价与反思能力	组间	0.609	2	0.304	0.574	0.565
	组内	57.826	109	0.531		
	总计	58.434	111			

由单因素方差分析的结果可知，P 值均大于 0.05，不存在显著性差异，因此设计能力、实施与管理能力以及评价与反思能力在任教专业领域上不存在显著性差异，见表 8 −36。

进一步统计分析发现：网络教学设计能力中的学习者分析、教学目标设计、教学策略设计、教学媒体设计以及教学内容设计能力在任教专业领域上均不存在显著差异；网络教学实施与管理能力中的教学活动实施、教学技巧以及教学过程管理能力在任教专业领域上均不存在显著差异；网络教学评价与反思能力中的教学评价和教学反思能力在任教专业领域上均不存在显著差异。

综上所述，不同专业领域高校教师的网络教学素养总体上没有差异，不过任教于经管专业领域的教师相比任教于其他非理工专业领域的教师的网络使用意识和规范得分较高。

（7）网络教学经历的差异性检验

表 8 −37　网络教学经历方差齐性检验（一级指标）

	莱文统计	自由度 1	自由度 2	显著性
网络教学认同感	1.994	4	107	0.101
网络使用意识和规范	1.074	4	107	0.373
网络教学设计与实施	0.360	4	107	0.837

由方差齐性检验结果可知，网络教学认同感、网络使用意识和规范、网络教学设计与实施对应的 P 值均大于 0.05，因此，方差齐性，见表 8－37。

表 8－38　网络教学经历 ANOVA（一级指标）

		平方和	自由度	均方	F	显著性
网络教学认同感	组间	5.940	4	1.485	2.141	0.081
	组内	74.200	107	0.693		
	总计	80.140	111			
网络使用意识和规范	组间	1.691	4	0.423	1.061	0.379
	组内	42.618	107	0.398		
	总计	44.309	111			
网络教学设计与实施	组间	0.870	4	0.218	0.439	0.780
	组内	53.030	107	0.496		
	总计	53.900	111			

由单因素方差分析的结果可知，P 值均大于 0.05，不存在显著性差异，因此网络教学认同感、网络使用意识和规范、网络教学设计与实施在网络授课门数上不存在显著性差异，见表 8－38。

表 8－39　网络教学经历方差齐性检验（二级指标）

	莱文统计	自由度 1	自由度 2	显著性
设计能力	0.823	4	107	0.513
实施与管理能力	0.606	4	107	0.659
评价与反思能力	0.576	4	107	0.681

由方差齐性检验结果可知，设计能力、实施与管理能力以及评价与反思能力对应的 P 值均大于 0.05，因此，方差齐性，满足单因素方差分析中方差相等的要求，见表 8－39。

表 8 - 40　网络教学经历 ANOVA（二级指标）

		平方和	自由度	均方	F	显著性
设计能力	组间	2.433	4	0.608	1.322	0.266
	组内	49.219	107	0.460		
	总计	51.653	111			
实施与管理能力	组间	0.709	4	0.177	0.330	0.857
	组内	57.522	107	0.538		
	总计	58.231	111			
评价与反思能力	组间	0.344	4	0.086	0.158	0.959
	组内	58.090	107	0.543		
	总计	58.434	111			

由单因素方差分析的结果可知，P 值均大于 0.05，不存在显著性差异，因此设计能力、实施与管理能力以及评价与反思能力在网络授课门数上不存在显著性差异，见表 8 - 40。

进一步统计分析发现：网络教学设计能力中的学习者分析、教学目标设计、教学策略设计、教学媒体设计以及教学内容设计能力在网络教学经历上均不存在显著差异；网络教学实施与管理能力中的教学活动实施、教学技巧以及教学过程管理能力在网络教学经历上均不存在显著差异；网络教学评价与反思能力中的教学评价和教学反思能力在网络教学经历上均不存在显著差异。

综上所述，不同网络教学经历高校教师的网络教学素养没有显著性差异。

8.5　结论

通过调查和数据的统计分析，可以得到有关高校教师网络教学素养的如下主要结论：

（1）高校教师具有良好的网络教学素养。通过调查发现，高校教师具有良好的网络教学素养，网络教学认同感较高，具备很好的网络使用意识和规范，拥有良好的网络教学设计和实施能力。总体上可以认为，高校教师能够胜任网络教学任务。

（2）高校教师在网络使用意识和规范性方面相对最强。高校教师的网络使用意识和规范得分最高，反映出高校教师的职业责任感强，具有应用新观念和新技术的意识，能够在网络教学中遵守相关的法律、法规和职业道德。

（3）高校教师的网络教学认同感还可进一步提升。高校教师网络教学认同感较高，普遍认同网络教学的教学效果、价值和意义，愿意开展网络教学，认为网络教学的开展有利于自身专业的提高，并且赞同网络教学是未来发展趋势。但是相对而言，高校教师对网络教学的认同感低于其他维度，还值得进一步提升。

（4）高校教师拥有良好的网络教学设计和实施能力。高校教师的网络教学设计能力、网络教学实施与管理能力、网络教学评价与反思能力良好，具备学习者分析、教学目标设计、教学内容设计、教学策略设计、教学媒体设计等网络教学设计相关能力；在网络教学中能够合理实施网络教学计划，并在教学过程中使用教学技巧，管理教学过程，以使网络教学可以有序进行；具有对自己的教学过程和学生学习结果的评价与反思能力，能够合理分析教学中存在的问题，优化整个教学流程。

（5）高校教师网络教学素养不存在性别差异。数据表明，男教师和女教师在网络教学素养的各级维度上均没有显著差异，即男教师和女教师具有同等的网络教学素养。

（6）不同年龄段高校教师的网络教学素养没有显著性差异。研究显示，不同年龄段高校教师的网络教学素养基本相同，年龄对网络教学素养没有产生明显影响。

（7）不同教龄段高校教师的网络教学素养存在一定差异。具体来看，教龄较短的部分教师在网络教学认同感、网络使用意识和规范上不如教龄较长的教师，在网络教学过程管理能力上也比较薄弱。

（8）高校教师网络教学素养不存在职称上的差异。高级职称教师的网络教学素养与中级及以下职称教师没有显著性差异。

（9）部分类别教师的网络使用意识较高。研究发现，不同学历高校教师的网络教学素养在绝大部分指标上都没有显著差异，但学历较高的教师具有更强的网络使用意识，也就是学历越高的教师借助新技术开展网络教学的意识相对更强。同时，不同学科领域教师在绝大部分指标上都没有显著差异，但任教于经管专业领域的教师相比任教于其他非理工专业领域的教师的网络使用意识较高。此外，如前所述，教龄较短的部分教师在网络使用意识上也不如一些教龄较长的教师。

（10）不同网络教学经历高校教师的网络教学素养没有显著性差异。研究没有发现网络教学经历对高校教师网络教学素养的影响，不管教师是否开设过、开设过多少门网络课程，其网络教学素养基本一致。

第九章　网络学习行为与学习成绩关系研究报告

9.1　网络学习行为与学习成绩关系相关研究

由于网络数据的易获取性和丰富性，基于数据分析的网络学习行为研究越来越多，其中不少研究聚焦于各种网络学习行为与学习成绩、效果或绩效的关系研究，探讨网络学习行为预测学习成绩的可能性，或者影响学习成绩的学习行为因素。下面仅对部分代表性研究进行介绍。

吴青和罗儒国[①]基于贝叶斯网络的成绩预测模型研究发现，学习者在网络教学中的自主学习行为（包括浏览资源等）是影响学习成绩的主要因素，协作学习行为（包括交互讨论等）通过促进学习积极性等间接地影响学习成绩。

左秀娟[②]的研究发现，网络学习的时长、网络课程登录次数、视频资源观看量、讨论参与情况等是影响学习成绩的关键学习行为，同时识别出若干影响学习成绩的关键行为序列，发现乐于参与讨论的学生比乐于参与测试的学生能够获得更好的成绩。

吴绍靖和易明[③]的研究表明，学习者的学习投入、课堂参与和交流讨论等学习行为对学习效果具有一定的影响。

---

① 吴青，罗儒国. 基于在线学习行为的学习成绩预测及教学反思 [J]. 现代教育技术，2017，(06)：18 – 24.
② 左秀娟. 大学生在线学习行为与学习效果关系及促进策略研究 [D]. 山东师范大学，2019.
③ 吴绍靖，易明. 中小学教师网络学习行为对学习效果的影响 [J]. 现代教育技术，2019，(09)：101 – 107.

　　董克等人[①]针对成人学习者的研究认为，网络学习行为之间具有较强的相关，但是网络学习行为与学习成绩之间只是弱相关。

　　沈欣忆等人[②]针对MOOC学习者的研究显示，不同的网络学习行为对学习效果产生不同的影响，一些行为（作业完成率、视频观看率等）对学习效果具有正向影响，一些行为则产生负向影响。

　　陈圆圆等人[③]的研究发现，"作业成绩、平时成绩、在线考试成绩、已学视频时长和学习进度"等与综合成绩具有强相关性。

　　综合以上研究可以看出，学者们已经对网络学习行为及其对学习成绩的影响进行了较多的研究，取得不少成果。但是不同研究选取的网络学习行为不尽相同，丰富度差异较大；研究所采用的分析方法比较多样，而利用回归分析进行影响关系分析的研究也不是很多。

9.2　原始数据及其预处理

　　网络教学模式下，学习者在网络学习平台和环境中留下了很多的行为数据。基于网络教学中产生的大量数据进行教学分析和学习分析是大数据时代教育研究的重要趋势之一。网络学习数据为了解学习者学习行为特征，以及学习者行为与学习绩效的关系提供了基础。

9.2.1　原始数据

　　首先从网络学习平台中获取了"互联网营销概论"和"搜索引擎营销"两门网络课程在2018—2020年之间的学生原始数据，共有10个excel文件。数据内容包括：学生基本信息、课程基本信息、课程成绩信息、课程成绩信息勘误（2个）、学生登录课程情况、课程资源浏览信息、完成作业情况、完

① 董克，徐谷波，汤诗华. 成人学习者在线学习行为与学习效果的关联研究［J］. 安徽广播电视大学学报，2020，（03）：50－54.
② 沈欣忆，刘美辰，吴健伟，董现垒. MOOC学习者在线学习行为和学习绩效评估模型研究［J］. 中国远程教育，2020，（10）：1－8.
③ 陈圆圆，刘盛峰，董克，陈彦彦，宋阳. 基于数据挖掘的成人学习者在线学习行为与学习效果分析［J］. 安徽广播电视大学学报，2019，（01）：38－42.

成测验情况。下面详细说明各表单所含信息。

（1）学生基本信息：此文件共 1 个表单，记录了学生的各项基本信息，包括学号、姓名、性别、民族、出生日期，如图 9-1 所示。由于学生存在重名情况，在后续数据处理中，以学生的学号为唯一标识。此表共 6502 条数据（不含表头）。

学号	姓名	性别	名族	出生日期
181a701058	李佳泽	男	汉族	19950416

图 9-1　学生基本信息示例

（2）课程基本信息：此文件共 1 个表单，记录了课程的基本信息，包括专业名称、课程编号、课程名称、开课日期、结课日期、教学周数，如图 9-2 所示。此表共 8 条数据（不含表头）。

专业名称	课程编号	课程名称	开课日期	结课日期	教学周数
电子商务专业	928	20180604 互联网营销概论	2018-06-04	2018-08-06	6

图 9-2　课程基本信息示例

（3）课程成绩信息：此文件共 1 个表单，记录了学生的课程最终成绩，包括课程编号、课程名称、学号、姓名、成绩，如图 9-3 所示。此表共 6757 条数据（不含表头）。

课程编号	课程名称	学号	姓名	成绩
928	20180604 互联网营销概论	181a701058	李佳泽	94.2

图 9-3　课程成绩信息示例

（4）课程成绩信息勘误：由于学生成绩信息的部分数据存在异常，经过核查后，将勘误后的学生成绩信息按照课程汇总为 2 个文件，包括核对后的课程编号、课程名称、学号、姓名、成绩，如图 9-4 所示。"互联网营销概论"学生成绩勘误文件共 1 个表单，755 条数据（不含表头）；"搜索引擎营销"学生成绩勘误文件共 1 个表单，80 条数据（不含表头）。

课程编号	课程名称	学号	姓名	成绩
2269	20191202 互联网营销概论	191a7q8733	姜金豆	99.608

图 9-4　课程成绩信息勘误示例

（5）学生登录课程情况：此文件共 1 个表单，记录了学生登录课程的时间，包括课程编号、课程名称、学号、姓名、登录时间，如图 9 - 5 所示。此表共 290833 条数据（不含表头）。

课程编号	课程名称	学号	姓名	登录时间
928	20180604 互联网营销概论	1811800653	梁朝一	2018/6/3 19:25:34

图 9 - 5　学生登录课程情况示例

（6）课程资源浏览信息：此文件共 1 个表单，记录了学生浏览课程资源的时间，包括课程编号、课程名称、学号、姓名、资源名称、资源类型、浏览时间，如图 9 - 6 所示。此表共 26891 条数据（不含表头）。

课程编号	课程名称	学号	姓名	资源名称	资源类型	浏览时间
928	20180604 互联网营销概	181a700072	丁江	互联网的形成	链接地址	2018/6/4 8:02:18

图 9 - 6　课程资源浏览信息示例

（7）完成作业情况：此文件共 1 个表单，记录了学生的完成作业情况，包括课程编号、学号、姓名、作业名称、要求完成时间、设置成绩（满分标准）、提交时间、提交次数、获得成绩，如图 9 - 7 所示。此表共 25258 条数据（不含表头）。

课程编号	学号	姓名	作业名称	要求完成时间	设置成绩	提交时间	提交次数	获得成绩
928	181a701058	李佳泽	2-3项目方案一（10分）（考勤）	2018-06-18	100	2018/6/20 21:47:26	1	86

图 9 - 7　完成作业情况示例

（8）参与讨论区情况：此文件共 1 个表单，记录了学生参与课程讨论的情况，包括课程编号、学号、姓名、所属小组、发帖时间、发帖论坛、发帖所属主题、发帖主题、发帖内容，如图 9 - 8 所示。此表共 75671 条数据（不含表头）。

课程编号	学号	姓名	所属小组	发帖时间	发帖论坛	发帖所属主题	发帖主题	发帖内容
1433	181a7q6456	杨绍晖	互联网营销概论-0013-18秋专升本13班	2018/12/14 21:17:20	1-1全班总动员	2	2	<p>23</p>

图 9 - 8　参与讨论区情况示例

（9）完成测验情况：此文件共 1 个表单，记录了学生各项课堂测验的成绩等信息，包括课程编号、学号、姓名、测验名称、要求完成时间、设置成绩（满分标准）、提交时间、答题次数、获得成绩，如图9-9所示。此表共38108条数据（不含表头）。

课程编号	学号	姓名	测验名称	要求完成时间	设置成绩	提交时间	答题次数	获得成绩
928	181a701058	李佳泽	1-4章节测验（10分）	2018-06-25	100	2018/6/6 15:05:33	1	100

图9-9　完成测验情况示例

9.2.2　数据预处理

为了更好地分析学生各项学习行为与学习成绩之间的关系，从而更好地体现互联网背景下学校课程改革的实践效果，需要对原始数据进行预处理，处理过程及结果如下。

（1）学生基本信息：对学生的学习行为进行分析时，主要通过性别和年龄进行区分。在学生的基本信息中，主要对年龄和性别进行编码处理。原始数据为8位日期数据，首先计算出学生的具体年龄，然后进行年龄分段，并根据年龄大小进行编号。对年龄进行分段时，首先查看了全部学生的年龄分布，如图9-10所示。

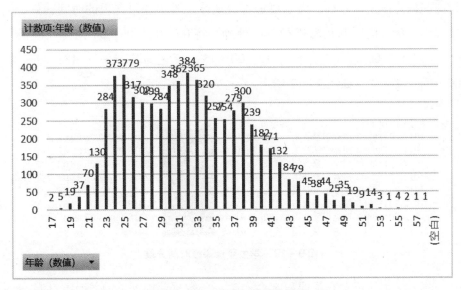

图9-10　学生年龄分布情况

可以看出，多数学生的年龄段集中在20－50岁，因此将学生年龄分为4段，即"20岁以下""20－30岁""31－50岁""50岁以上"。根据年龄段，依次编号，"20岁以下"为"1"，"20－30岁"为"2"，"31－50岁"为"3"，"50岁以上"为"5"。

学生性别，"男"编码为"1"，"女"编码为"2"。处理后如图9－11所示。

年龄（数值）	年龄（分段）	性别（编号）	年龄（编号）
25	20~30岁	1	2

图9－11 学生基本信息编码

（2）课程基本信息：此项未进行数据处理。

（3）课程成绩信息：课程的最终成绩是学生学习效果的重要标准。对课程成绩信息的处理主要为数据勘误。查看初始成绩信息时，发现部分成绩大于100分（满分为100分），且集中在课程编号为"2269"和"2386"两门课程中，在核对后将异常的成绩信息修改为正确的成绩信息。

（4）学生登录课程情况：学生登录课程的时间和次数可以体现学生的上课时间偏好以及积极性。为了更加直观地体现学生登录课程的时间偏好，需要对学生登录的时间信息进行分段处理，将00：00－06：00记为"凌晨"，06：00－12：00记为"上午"，12：00－18：00记为"下午"，18：00－24：00记为"晚上"，如图9－12所示。

课程编号	课程名称	学号	姓名	登录时间	
1012	20180903 搜索引擎营销	172a7q1060	王晖	2018/09/03 08:09:19	上午
1012	20180903 搜索引擎营销	172a7q1060	王晖	2018/09/03 08:23:37	上午
1012	20180903 搜索引擎营销	172a4q0108	马小明	2018/09/03 08:43:02	上午
1012	20180903 搜索引擎营销	172a4q0108	马小明	2018/09/03 08:43:07	上午
1012	20180903 搜索引擎营销	172a4q0108	马小明	2018/09/03 08:49:26	上午
1012	20180903 搜索引擎营销	172a4q0108	马小明	2018/09/03 08:49:31	上午
1012	20180903 搜索引擎营销	172a4q0108	马小明	2018/09/03 08:49:37	上午
1012	20180903 搜索引擎营销	172a4q0108	马小明	2018/09/03 08:49:44	上午

图9－12 学生登录课程时间分段

每名学生的每次登录课程都会产生一条数据，因此需要统计学生的登录次数。将所有时间信息进行分段后，对学生的登录总次数以及各时间段的登录次数进行统计，如图9－13所示。

学号	凌晨	上午	下午	晚上	总计
182a701874	0	11	11	4	26
182a702057	0	1	1	0	2
182a700485	0	0	5	0	5
182a701548	0	0	0	0	0
182a701925	0	14	7	4	25
182a701427	0	30	10	3	43

图9－13　学生登录课程偏好统计

（5）课程资源浏览信息：课程资源的浏览信息可以体现学生的学习积极性。原始数据中，每名学生每一次访问资源信息都会产生一条数据，因此需要统计每名学生访问课程资源的总次数。此外，在对原始数据进行初步观察时，发现部分学生多次访问同一资源，且时间间隔较短，可能是学生刷新课程页面或其他无关操作造成，因此除了访问总次数外，还需要统计同一学生访问不同资源的数量。原始数据中，不同资源根据资源名称及资源类型进行分类，由于资源类型仅有3种（"链接地址""视频资源""网页"），较为简单，因此根据不同的资源名称来统计学生访问的课程资源数。

在实际统计中，由于数据量较大，因此采用 VBA（Visual Basic for Applications，下同）进行编程统计，如图9－14（1）所示。Visual Basic for Applications 是新一代标准宏语言，专门用于 Office 的各应用程序中，如 Word、Excel、Access 等。统计后的结果如图9－14（2）所示。

（6）完成作业情况：平时作业有利于巩固课堂的学习成果，也可以体现学生的阶段性学习成果。原始数据中，首先能体现学生学习情况的是每一次的作业成绩，因此可以计算出学生平时作业的平均成绩。其次是完成作业的次数，可以体现出学生对待课程的认真态度。此外，原始数据中还包含学生完成作业的时间及要求完成时间，可以据此统计出学生是否按时完成作业，这一数据也可以很好的体现学生的学习态度。

每名学生每一次完成作业都会产生一条数据，因此需要根据不同课程来统计学生的作业平均成绩及按时、按次完成情况。在进行数据处理时，首先根据每一条数据计算出此次完成作业是否为按时完成，按时完成记为"1"，

```
Sub ResCount()

Application.ScreenUpdating = False

Dim countTemp

For i = 2 To 6503

    If Sheets("5-课程资源浏览信息-2").Cells(i, 10).Value = 0 Then

        Sheets("5-课程资源浏览信息-2").Cells(i, 11).Value = 0

    Else

        countTemp = 0

        For j = 2 To 1504    ' 1: 25389; 2: 1504

            If Sheets("5-课程资源浏览信息-2").Cells(i, 9).Value = Sheets("5-课程资源浏览信息-2").Cells(j, 3).Value Then

                countTemp = countTemp + 1
                Sheets("5-课程资源浏览信息-2").Cells(countTemp, 12).Value = Sheets("5-课程资源浏览信息-2").Cells(j, 5).Value

            End If

        Next j

        Range("M1").Select
        ActiveCell.FormulaR1C1 = _
        "=SUMPRODUCT(1/COUNTIF(RC[-1]:R[" & _
        Sheets("5-课程资源浏览信息-2").Cells(i, 10).Value - 1 & _
        "]C[-1],RC[-1]:R[" & _
        Sheets("5-课程资源浏览信息-2").Cells(i, 10).Value - 1 & _
        "]C[-1]))"

        Sheets("5-课程资源浏览信息-2").Cells(i, 11).Value = Sheets("5-课程资源浏览信息-2").Cells(1, 13).Value

        Columns("L:L").Select
        Selection.ClearContents

    End If

    If i Mod 50 = 0 Then
        Sheets("5-课程资源浏览信息-2").Cells(1, 14).Value = i & "/6503"
        Application.ScreenUpdating = True
        Application.Wait Now + TimeValue("0:00:01")
        Application.ScreenUpdating = False
    End If

Next i

Application.ScreenUpdating = True

End Sub
```

图 9 - 14 (1)　用于统计学生访问资源情况的 VBA 代码

学号	总次数-1	不同资源数-1
182a700590	56	13
182a700610	0	0
182a701081	1	1
182a801585	23	4

图 9 - 14 (2)　学生访问资源情况

未按时完成记为 "1"，如图 9 - 15 所示。

要求完成时间	设置成绩	提交时间	提交次数	获得成绩	是否按时完成
2018-06-18	100	2018/06/20 21:17:26	1	86	0
2018-06-25	100	2018/07/17 11:14:14	1	91	0
2018-07-02	100	2018/07/18 15:48:56	1	93	0
2018-07-09	100	2018/07/19 13:26:24	1	96	0
2018-06-18	100	2018/07/09 12:46:50	1	95	0

图 9 - 15　学生按时完成作业情况

根据学生按时完成作业情况和课程编号，可以进一步统计同一学生在不同课程中的作业迟交次数。同时，统计出同一学生在不同课程的完成作业次数及平均成绩，最终结果如图 9－16 所示。

学号	完成作业次数	迟交次数	平均分
181a701058	4	0	91.50
181a701773	4	0	93.25
181a701411	4	0	97.75
181a700761	4	0	90.75

图 9－16　学生完成作业情况

（7）参与讨论区情况：学生参与课堂讨论可以很好的体现出学生的学习热情。对于学生的留言信息，主要考察次数与字数两方面。原始数据中，每名同学的每一次留言都记录为一条数据，据此统计学生在不同课程的留言次数。

统计留言字数时，首先需要对学生的发帖内容进行处理。与一般文本不同，原始数据中的发帖内容为 html 文本，即包含“ <p> ”“ < \ p > ”“ ”等无实际意义的字符，因此需要先将这些字符删除，如图 9－17 所示。

发帖内容	发帖内容
<p>市场细分(m arket segm entation)就是指企业按照某种标准将市场上的顾客划分成若干个顾客群，每一个顾客群构成一个子市场，不同子市场之间，需求存在着明显差别。市场细分是选择目标市场的基础。市场营销在企业的活动包括细分一个市场并把它作为公司的目标市场，设计正确的产品、服务、价格、促销和分销系统 组合”，以满足细分市场内顾客的需要和欲望。1. 完全市场细分 </p><p>所谓完全细分就是市场中的每一位消费者都单独构成一独立的子市场，企业根据每位消费者的不同需求为其生产不同的产品。理论上说，只有一些小规模的、消费者数量极少的市场才能进行完全细分，这种作法对企业而言是不经济的。尽管如此，完全细分在某些行业，如飞机制造业等行业还是大有市场，而且近几年开始流行的"订制营销"就是企业对市场进行完全细分的结果。</p><p>2. 无市场细分</p><p>无市场细分是指市场中的每一位消费者的需求都是完全相同的，或者是企业有意忽略消费者彼此之间需求的差异性，而不对市场进行细分。</p><p>就消费者市场而言，细分变量，归纳起来主要有地理环境因素，人口统计因素，消费心理因素，消费行为因素，消费受益因素等。就有了地理细分、人口细分、心理细分、行为细分、受益细分这五种市场细分的基本形式。</p><p>3.按一个标准细分</p><p>按一个标准细分是对于通用性较大，挑选性不太强的产品，指定对购买者影响最强的标准进行细分。如儿童图书市场，影响此市场的主要因素是年龄。可首先根据年龄把市场分为学前儿童市场、学龄儿童市场、少年图书市场。</p><p>4.综合标准细分</p><p>大多是产品都是受消费者多种因素影响的。企业细分市场时选择两个以上标准，同时从多个角度对整个市场进行细分。例如奶粉市场可以选择年龄、追求的利益、使用时机进行细分。</p><p>5.多层细分</p><p>运用两个以上的因素，按	市场细分(m arketsegm entation)就是指企业按照某种标准将市场上的顾客划分成若干个顾客群，每一个顾客群构成一个子市场，不同子市场之间，需求存在着明显差别。市场细分是选择目标市场的基础。市场营销在企业的活动包括细分一个市场并把它作为公司的目标市场，设计正确的产品、服务、价格、促销和分销系统 组合”，以满足细分市场内顾客的需要和欲望。1. 完全市场细分所谓完全细分就是市场中的每一位消费者都单独构成一独立的子市场，企业根据每位消费者的不同需求为其生产不同的产品。理论上说，只有一些小规模的、消费者数量极少的市场才能进行完全细分，这种作法对企业而言是不经济的。尽管如此，完全细分在某些行业，如飞机制造业等行业还是大有市场，而且近几年开始流行的"订制营销"就是企业对市场进行完全细分的结果。2. 无市场细分无市场细分是指市场中的每一位消费者的需求都是完全相同的，或者是企业有意忽略消费者彼此之间需求的差异性，而不对市场进行细分。就消费者市场而言，细分变量，归纳起来主要有地理环境因素，人口统计因素，消费心理因素，消费行为因素，消费受益因素等。就有了地理细分、人口细分、心理细分、行为细分、受益细分这五种市场细分的基本形式。3.按一个标准细分按一个标准细分是对于通用性较大，挑选性不太强的产品，指定对购买者影响最强的标准进行细分。如儿童图书市场，影响此市场的主要因素是年龄。可首先根据年龄把市场分为学前儿童市场、学龄儿童市场、少年图书市场。4.综合标准细分大多是产品都是受消费者多种因素影响的。企业细分市场时选择两个以上标准，同时从多个角度对整个市场进行细分。例如奶粉市场可以选择年龄、追求的利益、使用时机进行细分。5.多层细分运用两个以上的因素，按一定顺序来逐步细分市场的方法。基础1.市场细分，确定你的目标市场，客户群体，以及他们的画像，

图 9－17　删除学生留言中的无效字符示例

删除无效字符后，就可以统计出每条留言的字数，进而统计出同一学生在不同课程中留言的平均次数。在实际统计过程中，由于数据量较大，采用 VBA 编程计算，如图 9 – 18 所示。统计后的结果如图 9 – 19 所示。

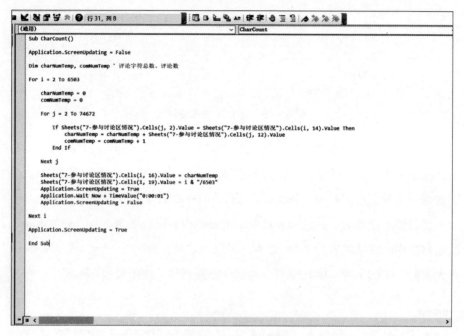

```
Sub CharCount()

Application.ScreenUpdating = False

Dim charNumTemp, comNumTemp ' 评论字符总数、评论数

For i = 2 To 6503

    charNumTemp = 0
    comNumTemp = 0

    For j = 2 To 74672

        If Sheets("7-参与讨论区情况").Cells(j, 2).Value = Sheets("7-参与讨论区情况").Cells(i, 14).Value Then
            charNumTemp = charNumTemp + Sheets("7-参与讨论区情况").Cells(j, 12).Value
            comNumTemp = comNumTemp + 1
        End If

    Next j

    Sheets("7-参与讨论区情况").Cells(i, 16).Value = charNumTemp
    Sheets("7-参与讨论区情况").Cells(1, 19).Value = i & "/6503"
    Application.ScreenUpdating = True
    Application.Wait Now + TimeValue("0:00:01")
    Application.ScreenUpdating = False

Next i

Application.ScreenUpdating = True

End Sub
```

图 9 – 18　统计学生留言平均字数的 VBA 代码

学号	次数	总字数	平均字数
182a701277	11	5013	455.7
182a701380	9	4099	455.4
182a701422	0	0	0.0
182a700631	13	5913	454.8
182a701448	9	3350	372.2

图 9 – 19　学生留言情况

（8）完成测验情况：平时测验可以检验学生的学习成果。与平时作业不同的是，测验允许多次提交，取最高分作为最终成绩。原始数据中，每位学生的每一次测验都记录为一条数据，因此，在统计学生测验成绩时，首先需要取某一测验的最高成绩作为该次测验的最终成绩，然后计算所有测验的平均成绩。此外，通过对原始数据的初步考察，所有测验的提交时间均符合要求，因此不再统计迟交次数。

由于数据处理逻辑较为复杂，因此采用 VBA 编程计算，如图 9 - 20 所示。统计结果如图 9 - 21 所示。

```
Sub avrCal()

Application.ScreenUpdating = False

Dim maxTemp, scoreTotal, scoreCount

For i = 2 To 6503

    scoreTotal = 0
    scoreCount = 0

    For j = 2 To 35716

        If Sheets("8-完成测验情况-1").Cells(j, 2).Value = Sheets("8-完成测验情况-1").Cells(i, 11).Value Then

            maxTemp = Sheets("8-完成测验情况-1").Cells(j, 9).Value

            If Sheets("8-完成测验情况-1").Cells(j, 8).Value <> 1 Then

                If Sheets("8-完成测验情况-1").Cells(j, 9).Value > maxTemp Then
                    maxTemp = Sheets("8-完成测验情况-1").Cells(j, 9).Value
                End If

            Else

                scoreCount = scoreCount + 1
                scoreTotal = scoreTotal + maxTemp

            End If

        End If

    Next j
    Sheets("8-完成测验情况-1").Cells(i, 13).Value = scoreCount
    Sheets("8-完成测验情况-1").Cells(i, 14).Value = scoreTotal

    If i Mod 10 = 0 Then
        Sheets("8-完成测验情况-1").Cells(1, 17).Value = i & "/6503"
        Application.ScreenUpdating = True
        Application.Wait Now + TimeValue("0:00:01")
        Application.ScreenUpdating = False
    End If

Next i

Application.ScreenUpdating = True

End Sub
```

图 9 - 20　统计学生测验情况的 VBA 代码

学号	次数	有效次数	总分	平均分
181a701058	2	2	193.33	96.67
181a701773	2	2	200.00	100.00
181a701411	2	2	168.33	84.17
181a700761	2	2	190.00	95.00
181a702020	2	2	196.67	98.34
181a701074	3	2	123.34	61.67
181a701539	2	2	180.00	90.00

图 9 - 21　学生测验完成情况

9.2.3　数据汇总

分别完成各项数据预处理后，需要对学生的学习数据进行汇总。经过对学生选课信息的核查，未发现同一学生选修两期同名称课程，因此首先

205

将学生的学习行为数据按照"互联网营销概论"与"搜索引擎营销"分为两个表。然后，在每张表（即每门课程）中，将学生的最终成绩、登录情况、课程资源浏览情况、完成作业情况、参与讨论区情况、完成测验情况一一汇总。

汇总两门课程的学习行为数据后，需要进一步整合为一个总表。由于部分学生仅选修一门课程，因此数据中会出现无效值，如图9-22所示。

课程编号	课程名称	学号	性别	年龄	年龄分段	成绩
#N/A		2 181a701058	1	25	2	#N/A
#N/A		2 181a701773	0	43	4	#N/A
#N/A		2 181a701411	0	36	3	#N/A
#N/A		2 181a700761	0	33	3	#N/A
#N/A		2 181a702020	0	30	3	#N/A
#N/A		2 181a701074	0	32	3	#N/A
#N/A		2 181a701539	1	33	3	#N/A
#N/A		2 181a701320	0	42	4	#N/A

图9-22 单一课程学习行为汇总表无效值示例

因此在最终的数据汇总时，需要分别将两门课程汇总表中存在"#N/A"的整行数据删除，再将剩余数据整合为最终的学习行为数据表。最终整合结果如图9-23所示，包含以下24个条目：课程编号、课程名称、学号、性别、年龄、年龄分段、总成绩、凌晨登录次数、上午登录次数、下午登录次数、晚上登录次数、总计登录次数、资源浏览总次数、浏览不同资源数、完成作业次数、迟交次数、作业平均分、发贴次数、发帖总字数、发帖平均字数、测验次数、有效测验次数、测验总分、测验平均分。

最后，逐列核查是否存在异常数据。确认无误后，可进行后续的分析处理。

课程编号	课程名称	学号	性别	年龄	年龄分段	成绩	流层	上午	下午	晚上	总计登陆	浏览总次数	不同课题数	完成作业次数	迟交次数	作业平均分	发帖次数	总字数	平均字数	测验次数	有效次数	测验总分	平均分
928		181a701058	1	25	2	93.2	0	13	13	21	47	0	0	4	0	91.50	14	2394	171.00	2	2	193.33	96.67
928		181a701773	0	43	4	95.6	0	13	4	27	44	0	0	4	0	93.25	14	2910	207.86	2	2	200.00	100.00
928		181a701111	0	36	3	93.3	0	19	52	8	79	0	0	4	0	97.75	16	5302	176.19	2	2	168.33	84.17
928		181a700761	0	33	3	94.7	0	11	13	27	51	0	0	4	0	90.75	16	2819	185.07	2	2	190.00	95.00
928		181a702920	0	32	3	92.6	10	42	36	133	221	14	0	4	0	92.25	13	1612	126.31	3	2	196.67	98.34
928		181a701074	0	33	3	91.6	0	3	3	21	38	1	0	4	0	94.00	14	2689	192.07	2	2	123.34	61.67
928		181a701539	1	42	4	93.2	0	13	12	87	144	1	1	4	0	91.50	14	2806	200.13	2	2	180.00	90.00
928		181a701320	0	28	2	93.8	17	10	8	23	41	0	0	4	0	92.50	14	2326	166.14	2	2	190.00	95.00
928		181a701271	0	35	3	94.4	0	11	7	23	42	1	0	4	0	91.25	14	2862	204.43	2	2	183.33	91.67
928		181a701708	0	30	3	91	0	12	5	22	39	0	0	4	0	92.75	16	2883	180.93	2	2	196.67	98.34
928		181a700990	0	26	2	92.2	0	11	6	3	35	0	0	4	0	91.25	16	2950	184.38	2	2	170.00	85.00
928		181a701117	0	32	3	94.1	0	12	19	22	234	0	0	4	0	91.75	16	2840	202.86	2	2	180.00	90.00
928		181a701593	0	33	3	91	0	149	85	3	83	18	8	4	0	93.00	13	3365	240.36	4	2	190.67	95.00
928		181a701352	0	34	3	89.3	0	34	49	0	24	7	5	4	0	89.25	13	7264	558.77	2	2	157.50	78.75
928		181a701345	0	33	3	85.2	0	11	16	0	7	0	0	4	0	89.50	16	3573	223.31	4	2	153.89	76.95
928		181a701140	0	31	3	90.9	0	23	2	4	28	0	0	4	0	90.25	15	4447	277.94	2	2	193.33	96.67
928		181a701934	0	38	3	91.7	0	8	1	0	14	0	0	4	0	89.50	13	2578	207.87	2	2	162.23	81.11
928		181a701950	0	29	2	89.2	0	8	18	4	38	0	0	4	0	89.50	11	4334	394.00	2	2	193.33	96.67
928		181a701101	0	31	3	87.5	0	19	7	1	14	0	0	4	0	89.50	12	4305	239.17	2	2	200.00	100.00
928		181a701137	0	22	2	93.5	0	12	18	0	26	0	0	4	0	89.50	16	3388	211.75	2	2	200.00	100.00
928		181a701498	0	37	3	91.7	0	7	14	0	19	0	0	4	0	89.25	16	4286	267.88	2	2	196.67	98.34
928		181a701604	1	40	4	90.9	0	12	14	0	24	0	0	4	0	89.50	14	4593	392.36	2	2	200.00	100.00
928		181a700776	0	34	3	91.5	0	11	0	0	278	30	12	4	0	82.50	14	4670	364.38	2	2	182.50	91.25
928		181a701458	1	30	3	87.4	0	47	182	49	26	0	0	4	0	89.50	14	3423	244.50	2	2	200.00	100.00
928		181a701343	1	28	2	93.1	0	11	9	1	19	0	0	4	0	90.00	16	5598	399.86	2	2	200.00	100.00
928		181a701858	1	30	3	92.4	0	16	9	1	26	0	0	4	0	93.25	17	5177	305.38	2	2	196.67	98.34
928		181a701651	1	26	2	93.9	0	11	0	0	0	0	0	0	0	0.00	13	4185	246.18	2	0	0.00	0.08
928		181a701470	1	35	3	85.2	0	10	35	19	64	0	0	0	0	91.25	13	4651	342.38	3	2	144.45	72.23
928		181a701244	0	36	3	91.1	0	15	7	1	23	0	0	0	0	92.25	16	4018	251.13	3	0	0.00	0.09
928		181a700603	0	35	3	93.2	0	14	8	0	22	0	0	0	0	89.75	15	5350	350.00	2	2	190.00	95.30
928		181a701335	0	29	2	94.7	0	13	0	0	20	0	0	0	0	89.75	14	6997	499.79	2	2	200.00	100.00
928		181a701930	0	31	3	92	0	1	6	0	7	0	0	0	0	92.00	16	0	0.00	2	2	200.00	100.00
928		181a701453	0	38	3	92.9	0	12	14	6	32	0	0	4	0	91.25	16	5179	323.69	2	2	200.00	100.00
928		181a700649	0	35	3	89.1	0	30	29	1	27	0	0	4	0	90.75	13	2946	226.62	2	2	177.78	88.89
928		181a700961	0	37	3	88.2	1	8	25	27	60	2	2	4	0	92.75	13	3858	296.77	2	2	132.22	66.11
928		181a701123	0	48	4	86	0	1	4	57	89	2	2	4	0	44.50	16	1305	81.56	2	2	160.56	80.28
928		181a700492	0	26	2	90.6	0	65	25	0	24	0	0	1	0	95.00	16	6063	295.00	2	1	56.67	56.67
928		181a700470	0	25	2	88.8	0	8	24	0	18	0	0	4	0	93.25	15	5689	379.27	2	2	196.67	98.34
928		181a701242	0	37	3	92.4	0	2	0	0	0	0	0	0	0	93.25	15	0	0.00	2	0	0.00	0.00
928		181a702068	1	28	2	93	0	10	12	2	24	0	0	4	0	93.50	15	4063	272.20	2	2	200.00	100.00
928		181a701636	0	26	2	42.2	0	2	0	0	0	0	0	2	0	-1.00		0	0.00	2	0	0.00	0.30
928		181a701822	0	41	4	91.5	0	10	0	8	29	0	0	2	0	-1.00	10	5414	541.40	2	1	72.50	72.50
928		181a701417	0	27	2	92.2	0	3	12	8	20	0	0	2	0	91.00	16	4347	273.67	2	2	200.00	180.00
928		181a701965	0	33	3	92.5	0	6	0	0	18	0	0	2	0	92.00	15	4105	273.67	2	2	200.00	100.00
928		181a701875	1	35	3	92.4	0	3	13	1	23	0	0	4	4	91.25	16	4954	309.63	2	2	193.33	99.67
928		181a701661	0	24	1	93.1	0	2	0	0	18	0	0	4	7	70.00	15	3326	221.73	3	0	159.72	7.86
928		182a701380	1	31	3	79.4	0	16	14	0	42	19	7	4	4	65.00	15	3039	202.60	2	2	180.67	99.34

图9-23　两门课程学习行为汇总表

207

9.3 数据的进一步处理和学习行为变量选取

将汇总而来的 excel 数据转换为 SPSS 数据格式，对部分数据作进一步分析和处理，并选定进行回归分析的学习行为变量。

9.3.1 数据的进一步分析

（1）学习时间偏好

首先根据学习者在不同时间段的登录学习次数和总登录次数，计算出各个时间段登录学习的比例，然后根据比例的大小进行聚类分析来确定学习时间偏好，如图 9-24 所示。共有三种学习时间偏好，其中，1 代表偏好晚上学习，2 为偏好上午学习，3 为偏好下午学习。

凌晨	上午	下午	晚上	总计登陆	凌晨比例	上午比例	下午比例	晚上比例	学习时间偏好
0	2	5	2	9	0.00	0.22	0.56	0.22	3
4	11	17	29	61	0.07	0.18	0.28	0.48	1
0	0	4	0	4	0.00	0.00	1.00	0.00	3
4	10	0	0	14	0.29	0.71	0.00	0.00	2

图 9-24 计算学习时间偏好

（2）资源浏览总次数与浏览资源量

由表 9-1 和表 9-2 可知，有约 70% 的学习者的资源浏览总次数为零，浏览资源数量为零；仅有约 30% 的学习者的资源浏览总次数大于零，浏览不同资源的数量大于零。这与实际情况有很大出入，可能是后台数据抓取出现了问题。因此，本研究不将资源浏览总次数和浏览不同资源量纳入回归分析。

表9-1 资源浏览总次数的频数分布

		频率	百分比
有效	0	5698	70.5
	1-336	1962	29.5
	总计	6660	100.0

表9-2 浏览不同资源数的频数分布

		频率	百分比
有效	0	5698	70.5
	1-58	1962	29.5
	总计	6660	100.0

（3）作业迟交次数

统计发现，作业迟交次数均为0，因此这个变量没有什么意义，不纳入后续统计分析。

（4）总成绩

统计发现，有98名学生的最后总成绩为0，说明这些学生没有正常完成相应课程的学习。为了避免这些学生的数据产生的影响，将总成绩为0的学生数据进行了删除。

9.3.2 学习行为变量选取

在综合考虑各项数据质量的基础上，我们确定将发帖次数、发帖平均字数、登录学习次数、完成作业次数、作业平均得分、完成测验测试、测验平均得分、学习时间偏好等8个变量作为学习行为变量，如图9-25所示。

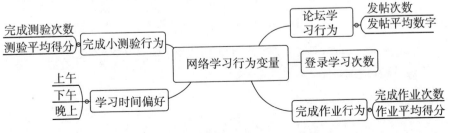

图9-25 选取的网络学习行为变量

209

9.4 描述性统计

（1）性别

表 9 - 3　性别比例统计

		频率	百分比
有效	女	2350	35.7
	男	5222	65.3
	总计	6562	100.0

由表可知，统计样本中，女生占比 35.7%，男生占比 65.3%，男生数量远多于女生。

（2）年龄

表 9 - 4　年龄的描述性统计

最小值	最大值	均值	标准偏差
17	57	32.17	6.658

表 9 - 5　年龄分段比例统计

		频率	百分比
有效	[17, 30) 岁	2579	37.8
	[30, 50) 岁	3155	57.9
	[50, 57] 岁	938	15.3
	总计	6562	100.0

由表可知，统计样本中，学生最小年龄为 17 岁，最大年龄为 57 岁，平均年龄为 32 岁。由分段统计可知，约一半的学生在 30 - 50 岁之间。

（3）课程成绩

表9-6 成绩的描述性统计

最小值	最大值	均值	标准偏差
0.1	99.6	86.85	12.56

由表可知，课程成绩的平均分为86.85，标准差为12.56。

（4）学习时间偏好

表9-7 学习时间偏好比例统计

		频率	百分比	有效百分比	累积百分比
有效	晚上	1219	18.6	18.7	18.7
	上午	2220	33.8	35.0	52.7
	下午	3092	57.1	57.3	100.0
	总计	6531	99.5	100.0	
缺失	系统	31	0.5		
总计		6562	100.0		

由表可知，偏好在下午学习的学习者占比最多，约占一半；偏好在上午学习的学习者也比较多，约占三分之一；偏好在晚上学习的学习者不足五分之一。

（5）其他学习行为变量

对总计登录次数、完成作业次数、作业平均分、发帖次数、发帖平均字数、测验次数、测验平均分等7个变量进行描述统计，给出平均值、标准差、众数、最大最小值，如下表所示。

表9-8 学习行为变量的描述统计

		总计登录	完成作业次数	作业平均分	发帖次数	平均字数	测验次数	测试平均分
个案数	有效	6562	6562	6562	6562	6562	6562	6562
	缺失	0	0	0	0	0	0	0
平均值		53.35	3.81	80.2579	11.35	283.36	5.80	92.5853
众数		23	5	90.00	13	0[a]	6	100.00

续表

	总计登录	完成作业次数	作业平均分	发贴次数	平均字数	测验次数	测试平均分
标准偏差	59.629	0.589	15.55691	5.533	175.061	3.523	12.95678
最小值	0	0	0.00	0	0	0	0.00
最大值	851	5	100.00	56	3075	29	100.00

注：存在多个众数。显示了最小的值。

由上表可知，学生平均登录平台次数为 53 次左右；大部分学生都完成了 5 次作业，作业平均分为 80 分，多一半的学生都在 90 分以上；学生平均发帖数量为 11 个，发帖的平均字数为 283 字，但有大量学生没有发帖，字数为 0；大部分学生参加测验 6 次，测验平均分为 92 分，多一半的学生都在 100 分以上。

9.5 相关分析

表9-9 相关性分析

		年龄	成绩	总计登录	完成作业次数	作业平均分	发贴次数	平均字数	测验次数	测试平均分
年龄	皮尔逊相关性	1	0.012	0.009	0.015	0.001	0.003	0.007	0.028*	0.022
	Sig.（双尾）		0.317	0.581	0.231	0.927	0.791	0.595	0.022	0.079
成绩	皮尔逊相关性	0.012	1	0.107**	0.538**	0.751**	0.063**	0.060**	0.052**	0.632**
	Sig.（双尾）	0.317		0.000	0.000	0.000	0.000	0.000	0.000	0.000
总计登录	皮尔逊相关性	0.009	0.107**	1	0.011	0.083**	0.255**	0.030*	0.368**	0.382**
	Sig.（双尾）	0.581	0.000		0.365	0.000	0.000	0.016	0.000	0.000
作业次数	皮尔逊相关性	0.015	0.538**	0.011	1	0.215**	0.351**	0.098**	0.216**	0.179**
	Sig.（双尾）	0.231	0.000	0.365		0.000	0.000	0.000	0.000	0.000
作业均分	皮尔逊相关性	0.001	0.751**	0.083**	0.215**	1	0.155**	0.060**	0.120**	0.505**
	Sig.（双尾）	0.927	0.000	0.000	0.000		0.000	0.000	0.000	0.000
发贴次数	皮尔逊相关性	0.003	0.063**	0.255**	0.351**	0.155**	1	0.101**	0.525**	0.125**
	Sig.（双尾）	0.791	0.000	0.000	0.000	0.000		0.000	0.000	0.000

		年龄	成绩	总计登录	完成作业次数	作业平均分	发帖次数	平均字数	测验次数	测试平均分
平均字数	皮尔逊相关性	0.007	0.060**	0.030*	0.098**	0.060**	0.101**	1	0.005	0.018
	Sig.（双尾）	0.595	0.000	0.016	0.000	0.000	0.000		0.703	0.152
测验次数	皮尔逊相关性	0.028*	0.052**	0.368**	0.216**	0.120**	0.525**	0.005	1	0.116**
	Sig.（双尾）	0.022	0.000	0.000	0.000	0.000	0.000	0.703		0.000
测试均分	皮尔逊相关性	0.022	0.632**	0.382**	0.179**	0.505**	0.125**	0.018	0.116**	1
	Sig.（双尾）	0.079	0.000	0.000	0.000	0.000	0.000	0.152	0.000	

注：*. 在 0.05 级别（双尾），相关性显著。**. 在 0.01 级别（双尾），相关性显著。

由相关分析可知：

（1）成绩与作业平均分（0.751）、测试平均分（0.632）、完成作业次数（0.538）、发帖次数（0.063）、测验次数（0.052）正向显著相关，相关系数依次降低，但差异很大。成绩与作业平均分、测验平均分和完成作业次数具有较强相关性；与发帖次数和测验次数具有弱相关性。

（2）成绩与总登录次数（-0.107）、发帖平均字数（-0.060）负向显著相关，但相关系数较小。此外，成绩与年龄不相关。

（3）总计登录次数与测试平均得分、作业平均得分、发帖平均字数显著负相关；与测验次数、发帖次数显著正相关；与年龄不相关。

（4）完成作业次数与发帖次数、作业平均得分、测试平均得分、发帖平均字数显著正相关；与测验次数显著负相关；与年龄不相关。

（5）作业平均得分与测试平均得分、完成作业次数、发帖次数显著正相关；与测试次数、总登录次数、发帖平均字数显著负相关；与年龄无关。

（6）发帖次数与完成作业次数、总计登录次数、作业平均得分显著正相关；与测试次数、测试平均分、发帖平均字数显著负相关。说明喜欢发帖的学生所发的帖子字数往往较短。喜欢发帖的学生完成作业情况较好，但完成测试情况较差，登录次数较多。发帖次数与年龄无关。

（7）发帖平均字数与完成作业次数有微弱的正相关；与发帖次数、作业平均得分、总计登录数呈显著负相关；与年龄无关。说明发长帖的学生实际上是发帖次数少、作业得分低的学生。

（8）测验次数与总计登录数呈显著正相关；与发帖次数、完成作业次数、作业平均得分、测验平均得分、年龄呈负相关。喜欢多次尝试测验的学生，实际上学习效率并不高，其作业得分、测验得分并不一定高，不喜欢发帖，年龄相对小一些。

（9）测试平均得分与作业平均得分、完成作业次数呈正相关；与登录次数、发帖次数、测验次数呈负相关；与年龄无关。测试成绩好的学生往往不会多次尝试参加测试，其作业完成情况往往也较好。

9.6 差异分析

以性别、年龄段、学习时间偏好为分组变量，对其他变量进行差异分析。

9.6.1 性别差异分析

表 9-10 以性别为分组变量的曼-惠特尼检验

	曼-惠特尼 U	威尔科克森 W	Z	渐近显著性（双尾）
成绩	5939359	13855102	-0.005	0.996
总计登录	5875221.5	13788975.5	-0.892	0.373
完成作业次数	5920869.5	13835622.5	-0.356	0.73
作业平均分	5916752	7655712	-0.313	0.755
发贴次数	5896086.5	7635056.5	-0.597	0.55
平均字数	5922267	7661237	-0.238	0.812
测验次数	5853238	13767991	-1.207	0.228
测试平均分	5891875.5	13806628.5	-0.656	0.512

取 $\alpha = 0.05$，上述检验变量的渐近显著性 p 均大于 0.05，所以不能拒绝零假设，即男女生在各项变量上没有显著性差异。也就是说，男女生在学习成绩、学习登录次数、作业完成情况、发帖情况、测验完成情况等学习行为方面基本一致。

9.6.2　年龄段差异分析

表 9 - 11　以年龄段为分组变量的克鲁斯卡尔 - 沃利斯检验

	克鲁斯卡尔 - 沃利斯 H（K）	自由度	渐近显著性
成绩	1.071	2	0.585
总计登录	0.515	2	0.773
完成作业次数	1.596	2	0.573
作业平均分	3.811	2	0.159
发贴次数	0.753	2	0.69
平均字数	3.585	2	0.167
测验次数	0.339	2	0.855
测试平均分	2.699	2	0.259

取显著性水平 $\alpha = 0.05$，根据表 1.2 给出克鲁斯卡尔 - 沃利斯检验的结果，由于八个检验变量的渐近显著性 p 大于 0.05，故拒绝零假设，即不同年龄段在八个检验变量上没有显著性差异。也就是说，不同年龄段学生在学习成绩、学习登录次数、作业完成情况、发帖情况、测验完成情况等学习行为方面基本一致。

9.6.3　不同学习时间偏好的差异分析

表 9 - 12　以学习时间偏好为分组变量的克鲁斯卡尔 - 沃利斯检验

	克鲁斯卡尔 - 沃利斯 H（K）	自由度	渐近显著性
成绩	233.95	2	0.000
总计登录	260.966	2	0.000
完成作业次数	67.765	2	0.000
作业平均分	295.565	2	0.000
发贴次数	92.085	2	0.000
平均字数	7.535	2	0.023
测验次数	35.133	2	0.000
测试平均分	628.677	2	0.000

取显著性水平为 α＝0.05，根据表9－12给出克鲁斯卡尔－沃利斯检验的结果，由于八个检测变量的渐近显著性 p 都小于0.05，即认为不同学习时间偏好的学生在成绩、总登录次数、完成作业次数、作业平均分、发帖次数、发帖平均字数、测验次数、测试平均分等方面都有显著性差异。

表9－13　以学习时间偏好中上午、下午为分组变量的曼－惠特尼检验

	曼－惠特尼 U	威尔科克森 W	Z	渐近显著性（双尾）
成绩	3393827.5	5859137.5	－0.695	0.587
总计登录	3207137	5672557	－5.082	0.000
完成作业次数	3107552.5	7889230.5	－7.871	0.000
作业平均分	3291636.5	8073515.5	－2.559	0.011
发贴次数	3055353.5	7826121.5	－7.073	0.000
平均字数	3289571.5	5755781.5	－2.588	0.01
测验次数	3202691	5668001	－5.269	0.000
测试平均分	3355285.5	5810595.5	－1.595	0.111

取 α＝0.05，可知成绩、测试平均分的渐近显著性 p 均大于 α，所以无法拒绝零假设，即上午、下午学习时间偏好在成绩、测试平均分上没有显著性差异；而其余6个检测变量的渐近显著性 p 都小于0.05，即上午、下午学习时间偏好在总计登录、完成作业次数、作业平均分、发帖次数、发帖平均字数、测验次数方面都有显著性差异。

表9－14　以学习时间偏好上午、下午为分组变量的曼－惠特尼检验

	个案聚类编号	个案数	秩平均值	秩的总和
总计登录	上午	2220	2555.16	5672557.00
	下午	3092	2729.26	8538881.00
完成作业次数	上午	2220	2802.75	6222097.50
	下午	3092	2551.50	7889230.50
作业平均分	上午	2220	2719.78	6037913.50
	下午	3092	2611.07	8073515.50

续表

	个案聚类编号	个案数	秩平均值	秩的总和
发帖次数	上午	2220	2831.17	6285206.50
	下午	3092	2531.09	7826121.50
平均字数	上午	2220	2592.25	5755781.50
	下午	3092	2702.63	8356556.50
测验次数	上午	2220	2553.15	5668001.00
	下午	3092	2730.70	8553327.00

由上表可知，学习时间偏好为上午的学生，在完成作业次数、作业平均得分、发帖次数等方面多于下午的学生；而学习时间偏好为下午的学生，在总登录次数、发帖平均字数、测验次数等方面多于上午的学生。总体来看，上午学习的学生能够相对更好地完成作业，学习效率更高；下午学习的学生登录次数多、发帖字数多、参与测试次数多，学习更加活跃；但两者在学习成绩上没有差异。

表9-15　以学习时间偏好中上午、晚上为分组变量的曼-惠特尼检验

	曼-惠特尼 U	威尔科克森 W	Z	渐近显著性（双尾）
成绩	975155	1718735	-13.57	0.000
总计登录	937350	3502650	-15.93	0.000
完成作业次数	1319993	2063583	-1.68	0.093
作业平均分	892551.5	1636031.5	-16.55	0.000
发帖次数	1108373.5	1851963.5	-8.857	0.000
平均字数	1351535	3816755	-0.059	0.953
测验次数	1199283.5	3665593.5	-5.66	0.000
测试平均分	758632	1502222	-21.531	0.000

取 $\alpha = 0.05$，完成作业次数、发帖平均字数的渐近显著性 p 大于 α，所以无法拒绝零假设，即上午、晚上学习时间偏好在完成作业次数、发帖平均字数方面没有显著性差异；而其余 6 个检测变量的渐进概率值 p 都小于 0.05，即上午、晚上学习时间偏好在成绩、总计登录、作业平均分、发帖次数、测

验次数、测试平均分上有显著性差异。

表9-16 以学习时间偏好上午、晚上为分组变量的曼－惠特尼检验

	个案聚类编号	个案数	秩平均值	秩的总和
成绩	晚上	1219	1509.95	1718735.00
	上午	2220	1890.25	5196356.00
总计登录	晚上	1219	2061.06	2512530.00
	上午	2220	1532.73	3502650.00
作业平均分	晚上	1219	1352.11	1636031.50
	上午	2220	1927.50	5279058.50
发贴次数	晚上	1219	1519.25	1851963.50
	上午	2220	1830.23	5063116.50
测验次数	晚上	1219	1856.17	2250586.50
	上午	2220	1650.72	3665593.50
测试平均分	晚上	1219	1232.35	1502222.00
	上午	2220	1987.77	5512858.00

由上表可知，学习时间偏好为上午的学生，在成绩、作业平均得分、发帖次数、测试平均分等方面多于晚上的学生；而学习时间偏好为晚上的学生，在总登录次数、测验次数等方面多于上午的学生。总体来看，晚上学习的学生登录次数多、参与测试次数多，学习效率比较低下；上午学习的学生总成绩、作业平均得分、测试平均得分都要高，学习效果好，也比较踊跃发帖。

表9-17 以学习时间偏好中下午、晚上为分组变量的曼－惠特尼检验

	曼－惠特尼 U	威尔科克森 W	Z	渐近显著性（双尾）
成绩	1355112.5	2098702.5	-15.387	0.000
总计登录	1366965.5	6158753.5	-15.069	0.000
完成作业次数	1753519.5	6535297.5	-5.689	0.000
作业平均分	1337001.5	2080591.5	-15.88	0.000
发贴次数	1750155.5	2583735.5	-3.95	0.000
平均字数	1818882.5	2562572.5	-1.785	0.075

续表

	曼－惠特尼 U	威尔科克森 W	Z	渐近显著性（双尾）
测验次数	1815756	6596535	−1.958	0.051
测试平均分	1005355.5	1757935.5	−25.056	0.000

　　取 α = 0.05，发帖平均字数、测验次数的渐近显著性 p 大于 α，所以无法拒绝零假设，即下午、晚上学习时间偏好在发帖平均字数、测试次数上没有显著性差异；而其余 6 个检测变量的渐近显著性 p 都小于 0.05，即下午、晚上学习时间偏好在成绩、总计登录、完成作业次数、作业平均分、发帖次数、测试平均分等方面都有显著性差异。

表9-18　以学习时间偏好下午、晚上为分组变量的曼－惠特尼检验

	个案聚类编号	个案数	秩平均值	秩的总和
成绩	晚上	1219	1721.66	2098702.50
	下午	3092	2327.25	7195813.50
总计登录	晚上	1219	2580.62	3155772.50
	下午	3092	1988.60	6158753.50
完成作业次数	晚上	1219	2263.51	2759218.50
	下午	3092	2113.61	6535297.50
作业平均分	晚上	1219	1706.80	2080591.50
	下午	3092	2333.09	7213925.50
发帖次数	晚上	1219	2037.52	2583735.50
	下午	3092	2202.71	6810780.50
测试平均分	晚上	1219	1533.91	1757935.50
	下午	3092	2550.68	7556581.50

　　由上表可知，学习时间偏好为下午的学生，在成绩、作业平均得分、发帖次数、测试平均分等方面多于晚上的学生；而学习时间偏好为晚上的学生，在总登录次数、完成作业次数等方面多于下午的学生。总体来看，下午学习的学生相比晚上学习的学生，总成绩、作业平均得分、测试平均得分都要高，学习效果好，也比较踊跃发帖；晚上学习的学生登录次数多、完成作业次数

多，频繁登录对学习产生一定负面影响，也反映出晚上学习干扰因素多。

综合以上结果，可以发现：

（1）对于成绩来说：上午、下午差异不大；而晚上与上午、下午对比都有明显的差异，学习时间偏好为晚上的学习者学习效果相对差一些。

（2）对于总登录次数：上午、下午和晚上两两之间均有显著差异，晚上多于下午，下午多于上午。晚上学习的学生更加频繁登录系统，而上午学习的学生相对比较稳定地使用系统。

（3）对完成作业次数来说：上午、晚上差异不大，而下午与上午、晚上对比都有明显的差异，学习时间偏好为下午的学习者具有较低的完成作业次数，也就是说不太积极完成作业。

（4）对于作业平均得分：上午、下午和晚上两两之间均有显著差异，上午好于下午，下午好于晚上。可见上午学习的学生作业完成质量最好，而晚上学习的学生作业完成质量较差。

（5）对测验次数来说：下午、晚上差异不显著，而上午与下午、晚上对比都有明显的差异，学习时间偏好为上午的学生测验次数较少。这说明，上午学习的学生学习效率高，不会多次地进行同一测验，下午和晚上学习的学生倾向于不断地参加同一测验。

（6）对于测试平均分来说：上午、下午差异不大；而晚上与上午、下午对比有明显的差异，学习时间偏好为晚上的学生测试平均分较低，学习效果差。

（7）对发帖次数来说：三个时间段之间都有明显的差异。上午多于下午，下午多于晚上，反映出上午学习的学生发帖最为踊跃，晚上学习的学生发帖次数较少。

（8）对发帖平均字数来说：上午、下午差异较明显，学习时间偏好为下午的学生发帖平均字数较多，晚上学习的学生与上下午都没有显著差异。

9.7　回归分析

9.7.1　回归分析方案

在已有研究基础上，本研究基于获取的 6562 份数据，对网络学习行为与学习成绩进行回归分析。回归分析的方案如图 9 – 26 所示。

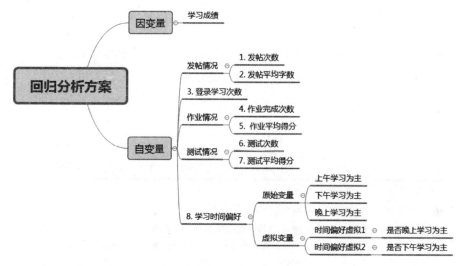

图 9 – 26　回归分析方案

根据可获取的数据以及所获取数据的质量，本研究选择将发帖次数、发帖平均字数、登录学习次数、完成作业次数、作业平均得分、完成测验测试、测验平均得分、学习时间偏好等 8 个网络学习行为变量作为回归分析的自变量，也就是影响变量。由于学习时间偏好属于定类变量，因此在进行回归分析之前需要构建相应的虚拟变量。本研究中学生的学习时间偏好共有三种类型，因此转换生成两个虚拟变量：时间偏好虚拟，以主要在上午学习的学生为参照水平。将课程结束之后的学习总成绩作为回归分析的因变量，也就是被影响变量。采用逐步回归方法进行多元线形回归分析。

9.7.2 回归分析结果

（1）包含平时成绩的回归分析

表 9 - 19 模型拟合结果

模型	R	R 方	调整后 R 方	标准估算的错误	更改统计					德宾－沃森
					R 方变化量	F 变化量	自由度 1	自由度 2	显著性 F 变化量	
1	0.753[a]	0.552	0.552	8.3076	0.552	8037.391	1	6529	0.000	
2	0.825[b]	0.681	0.681	7.0107	0.129	2650.052	1	6528	0.000	
3	0.862[c]	0.753	0.753	6.2897	0.062	1583.335	1	6527	0.000	
5	0.890[d]	0.792	0.792	5.6568	0.059	1553.275	1	6526	0.000	
5	0.891[e]	0.795	0.795	5.6321	0.002	58.513	1	6525	0.000	
6	0.891[f]	0.795	0.795	5.6276	0.000	11.377	1	6525	0.001	
7	0.891[g]	0.795	0.795	5.6257	0.000	7.852	1	6523	0.005	
8	0.892[h]	0.795	0.795	5.6221	0.000	6.999	1	6522	0.008	1.501

注：a. 预测变量：（常量），作业平均分

b. 预测变量：（常量），作业平均分，测试平均分

c. 预测变量：（常量），作业平均分，测试平均分，完成作业次数

d. 预测变量：（常量），作业平均分，测试平均分，完成作业次数，测验次数

e. 预测变量：（常量），作业平均分，测试平均分，完成作业次数，测验次数，平均字数

f. 预测变量：（常量），作业平均分，测试平均分，完成作业次数，测验次数，平均字数，时间偏好虚拟 2

g. 预测变量：（常量），作业平均分，测试平均分，完成作业次数，测验次数，平均字数，时间偏好虚拟 2，发帖次数

h. 预测变量：（常量），作业平均分，测试平均分，完成作业次数，测验次数，平均字数，时间偏好虚拟 2，发帖次数，时间偏好虚拟 1

由上表可知，首先进入回归方程的是作业平均分，此时决定系数（即 R 方）为 0.552；随后测试平均分进入方程，决定系数增长为 0.681；接着完成作业次数进入方程，决定系数变为 0.753；然后测验次数进入方程，决定系数有微小的增长，变为 0.792。此时的方程，即模型 5 已经具有较好的拟合优度，能够解释变异的 79.2%。当平均字数、学习时间偏好、发帖次数进入方程后，决定系数几乎没有变化，说明这些变量对变异的影响十分小，可以忽略

不计。变量登录学习次数没有进入方程，说明该变量对因变量没有什么影响。

表 9-20 ANOVA 方差分析

	模型	平方和	自由度	均方	F	显著性
1	回归	555715.320	1	555715.320	8037.391	0.000
	残差	550610.127	6529	69.017		
	总计	1005325.557	6530			
2	回归	685572.996	2	352236.598	6963.097	0.000
	残差	320851.551	6528	59.150		
	总计	1005325.557	6530			
3	回归	757110.986	3	259036.995	6295.052	0.000
	残差	258213.562	6527	39.561		
	总计	1005325.557	6530			
5	回归	796595.117	5	199123.779	6222.698	0.000
	残差	208829.330	6526	32.000		
	总计	1005325.557	6530			
5	回归	798357.995	5	159669.599	5033.636	0.000
	残差	206976.555	6525	31.721		
	总计	1005325.557	6530			
6	回归	798708.309	6	133118.051	5203.265	0.000
	残差	206616.138	6525	31.670		
	总计	1005325.557	6530			
7	回归	798956.520	7	115136.631	3607.697	0.000
	残差	206368.027	6523	31.637		
	总计	1005325.557	6530			
8	回归	799177.655	8	99897.206	3160.513	0.000
	残差	206156.803	6522	31.608		
	总计	1005325.557	6530			

由上表可知，对模型 1—模型 8 进行方差分析，F 检验的结果均为显著性小于 0.01，回归方程能够通过 F 检验，说明进入方程的学习行为变量与学习成绩之间的线性关系显著。

表 9 – 21　回归系数及共线性诊断

模型		未标准化系数		标准化系数	t	显著性	B 的 95.0% 置信区间		共线性统计	
		B	标准错误	Beta			下限	上限	容差	VIF
1	（常量）	38.978	0.555		71.551	0.000	37.910	50.056		
	作业平均分	0.597	0.007	0.753	89.651	0.000	0.585	0.611	1.000	1.000
2	（常量）	15.039	0.669		20.999	0.000	12.729	15.350		
	作业平均分	0.571	0.006	0.585	76.685	0.000	0.559	0.583	0.839	1.192
	测试平均分	0.379	0.007	0.392	51.381	0.000	0.365	0.393	0.839	1.192
3	（常量）	1.533	0.716		2.150	0.032	2.937	0.129		
	作业平均分	0.535	0.006	0.551	77.961	0.000	0.525	0.556	0.817	1.225
	测试平均分	0.355	0.007	0.367	53.360	0.000	0.352	0.368	0.832	1.202
	作业次数	5.531	0.136	0.257	39.791	0.000	5.163	5.698	0.957	1.056
5	（常量）	12.001	0.697		17.216	0.000	13.367	10.635		
	作业平均分	0.555	0.005	0.553	88.551	0.000	0.535	0.555	0.815	1.227
	测试平均分	0.370	0.006	0.382	61.702	0.000	0.358	0.381	0.828	1.207
	作业次数	6.383	0.125	0.302	51.016	0.000	6.138	6.628	0.911	1.098
	测验次数	0.803	0.020	0.228	39.285	0.000	0.763	0.853	0.952	1.062

续表

模型		未标准化系数		标准化系数	t	显著性	B 的 95.0% 置信区间		共线性统计	
		B	标准错误	Beta			下限	上限	容差	VIF
5	（常量）	11.353	0.699		16.220	0.000	12.715	9.972		
	作业平均分	0.552	0.005	0.550	88.158	0.000	0.532	0.552	0.811	1.233
	测试平均分	0.370	0.006	0.382	61.975	0.000	0.358	0.381	0.828	1.207
	作业次数	6.597	0.125	0.307	51.786	0.000	6.251	6.753	0.898	1.113
	测验次数	0.806	0.020	0.229	39.575	0.000	0.766	0.856	0.952	1.062
	平均字数	0.003	0.000	0.053	7.653	0.000	0.005	0.002	0.983	1.018
6	（常量）	11.579	0.700		16.500	0.000	12.851	10.107		
	作业平均分	0.552	0.005	0.559	88.102	0.000	0.532	0.552	0.810	1.235
	测试平均分	0.367	0.006	0.380	61.316	0.000	0.356	0.379	0.819	1.221
	作业次数	6.535	0.126	0.309	51.923	0.000	6.288	6.781	0.891	1.122
	测验次数	0.806	0.020	0.229	39.611	0.000	0.766	0.856	0.952	1.062
	平均字数	0.003	0.000	0.053	7.651	0.000	0.005	0.002	0.983	1.018
	时间虚拟 2	0.575	0.151	0.019	3.373	0.001	0.199	0.752	0.979	1.021

续表

模型		未标准化系数		标准化系数	t	显著性	B 的 95.0% 置信区间		共线性统计	
		B	标准错误	Beta			下限	上限	容差	VIF
7	（常量）	12.156	0.739		16.536	0.000	13.595	10.697		
	作业平均分	0.539	0.005	0.556	86.550	0.000	0.529	0.559	0.788	1.269
	测试平均分	0.373	0.006	0.386	59.295	0.000	0.360	0.385	0.753	1.355
	作业次数	6.519	0.132	0.303	58.505	0.000	6.160	6.679	0.805	1.252
	测验次数	0.832	0.022	0.236	37.265	0.000	0.788	0.875	0.782	1.279
	平均字数	0.003	0.000	0.051	7.129	0.000	0.005	0.002	0.960	1.052
	时间虚拟2	0.585	0.151	0.019	3.533	0.001	0.208	0.760	0.979	1.022
	发贴次数	0.053	0.019	0.019	2.800	0.005	0.016	0.089	0.667	1.500
8	（常量）	12.609	0.759		16.610	0.000	15.097	11.120		
	作业平均分	0.551	0.005	0.558	86.309	0.000	0.531	0.551	0.780	1.282
	测试平均分	0.375	0.006	0.388	59.137	0.000	0.363	0.387	0.730	1.370
	作业次数	6.500	0.132	0.302	58.313	0.000	6.151	6.660	0.803	1.256
	测验次数	0.830	0.022	0.236	37.171	0.000	0.786	0.873	0.781	1.281
	平均字数	0.003	0.000	0.050	7.006	0.000	0.005	0.002	0.958	1.055
	时间虚拟2	0.668	0.157	0.027	5.251	0.000	0.360	0.976	0.787	1.271
	发贴次数	0.055	0.019	0.020	2.920	0.005	0.018	0.092	0.665	1.503
	时间虚拟1	0.555	0.206	0.017	2.656	0.008	0.151	0.958	0.753	1.329

上表是模型 1 – 模型 8 的回归系数等信息。由模型 8 可知，发帖平均字数、学习时间偏好、发帖次数的标准化系数的绝对值均很小，说明这些学习行为变量对学习成绩的影响十分地微弱。

综合来看，我们选择模型 5 来建立回归方程。在共线性诊断结果中，模型 5 的容差值均接近于 1，而且 VIF 均小于 10，说明方程中的自变量之间不存在共线性。

由模型 5 得到如下回归方程：

学习成绩 = – 12.001 + 0.553 作业平均分 + 0.382 测试平均分 + 0.302 作业次数 + 0.228 测验次数

可见，作业平均分对学习成绩的影响最大，其次是测试平均分、作业次数和测验次数。总之，平时完成作业和测试的情况对学习总成绩具有重要的显著性影响。

（2）不包含平时成绩的回归分析

由于平时成绩（作业得分和测试得分）会作为最终总成绩的一部分，这对观察其他行为变量与学习成绩的关系造成了掩盖。为了更好地了解其他学习行为对学习成绩的影响，排除作业得分和测试得分两个变量后再次进行回归分析。

表 9 – 22　模型拟合

模型	R	R 方	调整后 R 方	标准估算的错误
6	0.522[a]	0.273	0.272	10.5865

注：a. 预测变量：（常量），完成作业次数，测验次数，总计登录，平均字数，发帖次数，时间偏好虚拟 2，时间偏好虚拟 1

回归分析显示，排除平时成绩之后，其它学习行为变量均进入了方程。方程的决定系数为 0.273，也就是说只解释了变异的 27.3%，拟合优度不理想。这正是因为排除了平时成绩引起的。

表 9 - 23 ANOVA 方差分析表

模型		平方和	自由度	均方	F	显著性
6	回归	275265.618	7	39180.803	359.598	0.000
	残差	731058.830	6523	112.075		
	总计	1005325.557	6530			

由方差分析结果可知，回归方程 F 检验的结果为显著性小于 0.01，回归方程能够通过 F 检验，说明进入方程的学习行为变量与学习成绩之间的线性关系是显著的。

表 9 - 24 回归系数

模型		未标准化系数		标准化系数	t	显著性
		B	标准错误	Beta		
6	（常量）	56.173	1.035		55.668	0.000
	完成作业次数	10.325	0.252	0.588	52.637	0.000
	测验次数	0.859	0.059	0.255	17.535	0.000
	总计登录	0.056	0.003	0.185	-13.857	0.000
	平均字数	0.007	0.001	0.100	-9.323	0.000
	发贴次数	0.085	0.039	0.031	2.179	0.029
	时间偏好虚拟 1	-5.209	0.385	0.132	-10.973	0.000
	时间偏好虚拟 2	0.667	0.296	0.027	2.256	0.025

由表 9 - 24 中的数据可以得到如下回归方程：

学习成绩 = 56.173 + 0.588 完成作业次数 + 0.255 测验次数 - 0.185 总计登录次数 - 0.100 发帖平均字数 + 0.031 发帖次数 - 0.132 时间偏好（晚上）+ 0.027 时间偏好（下午）

可以看出，完成作业次数对学习成绩影响最大，其次是参加测验次数，均为正向影响；总计登录次数、发帖平均字数对学习成绩具有一定影响，但为负向影响，也就是说频繁登录（掉线）、发帖字数过多等行为，对成绩造成不利影响；发帖次数对学习成绩具有十分微弱的正向影响（0.031）；在学习时间偏好方面，相比以上午为主要学习时间的学生，偏好晚上学习的学生成绩较差，而偏好下午学习的学生成绩好一些，但优势很微弱（0.027）。

9.8　主要结论

通过对学生网络学习数据的挖掘与分析，可以得到有关大学生网络学习行为及其与学习成绩关系的如下主要结论：

（1）网络学习行为和学习成绩不存在性别差异。从差异分析可知，男女生在学习成绩、学习登录次数、作业完成情况、发帖情况、测验完成情况等网络学习行为方面不存在显著差异。

（2）网络学习行为、学习成绩与年龄基本无关。从差异分析可知，不同年龄段的学生在学习成绩、学习登录次数、作业完成情况、发帖情况、测验完成情况等学习行为方面不存在显著差异。从相关分析可知，除与测验次数呈微弱负相关之外，年龄与学习成绩及其他各种网络学习行为不相关。

（3）作业完成情况好的学生具有更好的测验得分和学习成绩。从相关分析可知，作业平均得分和完成作业次数均与学习成绩具有较强相关性；作业平均得分和完成作业次数也均与测试平均得分呈显著正相关。

（4）发帖多的学生作业完成情况较好。从相关分析可知，发帖次数与完成作业次数、作业平均得分、总计登录次数显著正相关；与测试次数、测试平均分、发帖平均字数显著负相关。说明喜欢发帖的学生所发的帖子字数往往较短；喜欢发帖的学生完成作业情况较好，但完成测试情况较差；喜欢发帖的学生登录次数较多。此外，发帖次数与成绩呈显著弱相关，对成绩有一定积极影响。

（5）发长帖的学生发帖并不积极。从相关分析可知，发帖平均字数与发帖次数、作业平均得分、总计登录数呈显著负相关。说明发长帖的学生实际上是发帖次数少、作业得分低的学生。发帖平均字数与成绩呈负相关，对成绩有一定消极影响。

（6）喜欢多次测验的学生学习效率不高。由相关分析可知，测验次数与发帖次数、完成作业次数、作业平均得分、测验平均得分呈负相关。可见，喜欢多次尝试测验的学生，实际上学习效率并不高，其作业得分、测验得分并不一定高，且不喜欢发帖。

（7）测试得分高的学生发帖不够积极。由相关分析可知，测试平均得分与发帖次数、登录次数、测验次数呈负相关。测试得分高的学生往往并不会多发帖，也不会多次尝试参加测试。测试得分高的学生作业完成情况比较好，成绩也会更高。

（8）总计登录次数不能反映学生的学习投入。从相关分析可知，学生的总登录次数与学习成绩呈显著负相关，与测试平均得分、作业平均得分也呈显著负相关。尽管相关系数较小，但也说明了总计登录次数对学习成绩具有不利影响。这可能是总计登录次数这一数据本身存在一定质量问题，不能反映出学生登录学习的勤奋程度。相反，登录总次数多反而可能是因为学生学习期间精力不集中、经常被干扰、频繁掉线和登录等原因导致的。

（9）以晚上为主要学习时间的学生成绩较差。由差异分析可知，在学习成绩方面，学习时间偏好为上午、下午没有差异；而晚上与上午、下午对比都有明显的差异，学习时间偏好为晚上的学习者学习效果相对差一些。

（10）偏好在下午学习的学生数量最多，学习较为活跃。偏好在下午学习的学习者占比最多，约占一半。上午、下午偏好的学生学习成绩没有差异，但学习时间偏好为下午的学生，在总登录次数、发帖平均字数、测验次数等方面多于上午的学生。也就是说相比上午，下午学习的学生登录次数多、发帖字数多、参与测试次数多，学习更加活跃。但是，学习时间偏好为下午的学习者具有较低的完成作业次数，也就是说不太积极完成作业。

（11）偏好在上午学习的学生学习效率较高。学习时间偏好为上午的学生，在完成作业次数、作业平均得分、发帖次数等方面多于下午的学生。上午学习的学生发帖最为踊跃，不会多次地进行同一测验。总体来看，上午学习的学生能够相对更好地完成作业，学习效率更高。

（12）偏好在晚上学习的学生数量较少，学习效率较低。偏好在晚上学习的学习者不足总体的五分之一。学习时间偏好为晚上的学生，在总登录次数、测验次数等方面多于上午的学生，在总登录次数、完成作业次数等方面多于下午的学生。晚上学习的学生作业完成质量较差。总体来看，晚上学习的学生登录次数多、参与测试次数多，学习效率比较低下。晚上学习的学生频繁登录对学习产生一定负面影响，也反映出晚上学习可能存在的干扰因素多。

（13）平时完成作业和测试的情况对学习总成绩具有重要的显著性影响。由回归分析可知，作业平均分对学习成绩的影响最大，其次是测试平均分、作业次数和测验次数；发帖平均字数、学习时间偏好、发帖次数的标准化系数的绝对值均很小，说明这些学习行为变量相比平时成绩对学习总成绩的影响十分地微弱；登录学习次数对学习总成绩不产生影响。

（14）总计登录次数、发帖平均字数对学习成绩具有负向影响。由不包含平时成绩的回归分析可知，总计登录次数、发帖平均字数对学习成绩具有一定影响，但为负向影响。这说明频繁地登录（掉线）、发帖字数过多等行为，对成绩造成不利影响。

（15）发帖次数和学习时间偏好对学习成绩具有微弱影响。由不包含平时成绩的回归分析可知，发帖次数对学习成绩具有十分微弱的正向影响；在学习时间偏好方面，偏好晚上学习的学生成绩不如上午和下午学习的学生。

第十章　反思

本研究结合以上研究结论，从保障在线教与学的有效性、提升教学质量的角度提出以下几点建议，以适应在线教与学的常态化趋势。

第一，提升高校学生的"学习过程调控能力"。本研究调查发现高校学生在线学习能力的五个维度均值得分均低于 5 分，尤其"学习过程调控能力"均值得分最低，需要重点关注。"学习过程调控能力"表现在明确自主目标设置、较强的计划制定和执行力、积极的反思和评价三个方面，它更多地来源于学生自身内部的自我控制和自主意志。不同于"学习策略管理能力"，由于学生有固定课表、家长督促，以及专门的学习场所，在时间管理和环境管理方面更多地来源于外部支持。而学习过程调控主要依靠学生自己内在的驱动力，外部因素影响较小。而提升高校学生的"学习过程调控能力"是一个潜移默化、循序渐进的过程，需要教师角色的转变，那些具有自主支持性的教师，通过适当提高课程挑战度、给予学生肯定性关注等行为，能够激发学生强烈的内在动机，引导学生形成良好的自主学习意志。外部环境瞬息万变，提升自我调控能力不仅能够有效保障在线学习质量，更是伴随人生发展每个阶段的重要课题。

第二，提升高校教师"在线教学设计与实施能力"。本研究调查发现高校教师在线教学能力的三个维度中"在线教学设计与实施能力"均值得分最低。"在线教学认同感""在线教学意识和规范"两个维度主要来源于意识层面，"在线教学设计与实施能力"作为实施层面最核心的能力，涉及在线教学设计能力、在线教学实施与管理能力、在线教学评价与反思能力三个方面，提升相关能力对于保障在线教学的有效性至关重要。在线教学是一项复杂的工作，对高校教师知识与能力的要求较高，很容易让教师产生自我能力不足的低自我效能感。提升高校教师在线教学能力需要国家层面不断完善高校教师在线教学培训体系，逐步由短期的、规模化的培训走向长期的、系统的培训；高校层面重视提升高校教师教学设计与实施的基本技能，为其提供更多学习交流的机会，如定期开展教学研讨、共享优秀教学经验等；教师个人在线教学实践过程中积极反思，围绕该议题开展科研，以科研丰富自身专业知识，发挥科研促进教学的正向作用。

第三，开展持续性、全方位的在线学习监控与指导。本研究调查发现年龄较小的学生在线学习意识优于年龄较大的学生，大一学生在线学习能力优于大二学生。在线学习的开始阶段，高校学生内在的驱动力与外在的条件支持均较为充分，学生在线学习能力的五个维度表现良好，但是随着时间推移，呈现出能力减弱的趋势。可见，保障在线学习监控与指导的持续性至关重要，不仅要加强低年级学生在线学习能力的培养，还要持续培养每个学段中高年级学生在线学习的习惯和能力，并对其进行监督与及时干预。本研究调查还发现全日制学生在线学习能力优于非全日制学生，在线学习作为非全日制学生完成教育的关键形式，其在线学习能力不容忽视，尤其当前社会存在对非全日制学生就业歧视的现象，必须有效保障其在线学习质量。针对多元化情境尤其是虚拟教学情境，结合年级、学习类型和不同教师的在线教学行为分析学生在线学习态度与行为的变化，把握好时机，定期、持续、全方位的对学生在线学习的数据进行分析，并有针对性地提出有预见性的提升学生在线学习能力的策略。

第四，开展高校教师在线教学能力的诊断性评估。本研究调查发现教龄较短的高校教师在线教学能力相对较弱，任教于其他非理工专业领域的高校教师在线教学能力也相对较弱，需要参照评估结果开展有针对性的指导，帮助在线教学能力较弱的教师提升相关能力。随着新冠肺炎疫情防控逐渐常态化，在线教学成为越来越多高校的选择，为保障在线教学与线下课堂教学质量实质等效，需要尽快完善高校教师在线教学能力评价标准，它不仅是对高校教师在线教学能力进行诊断性评估的有效工具，也是高校教师自身专业化发展的重要参照。依据评估工具生成分析报告和初步诊断结果后，再依据各高校具体校情深入开展教师的自我诊断，针对自身能力相对不足的方面有计划、系统性的参加培训，并在实际的在线教学过程中进行动态监测，及时补齐能力短板，以此保障在线教学的质量。

第五，培育师生自觉追求卓越的在线教与学的质量文化。在线教与学质量文化的建立是提升在线教学质量的根本内驱力，质量文化使在线教学质量建设成为一种自律行为，它是大家一致认同的质量价值观，具有高度的内部自觉性。教师和学生作为高校在线教与学质量文化创造的核心要素，只有自觉按照在线教与学的质量标准要求自己，不断进行反思和改进，才是提高在线教学效果的有效措施。但文化的形成往往是一个长期的过程，而非短期之功，这需要政府创设在线教学质量文化的宏观环境和政策环境，建立起质量文化的自觉和自律机制，也需要高校教师和学生将追求在线教与学的质量作为共同的价值追求和自觉行为。追求的目标不再定位于满足外部利益相关者的需求，而更多的关注于教学规律与学生发展规律的探索。

从教育部发布的一系列实施意见，可以看出高校的老师与学生都带着极大的热情投入到教育教学的改革实践中，特别是在新冠肺炎疫情期间，线上教育得到了迅猛发展，各个学校的直播课堂、网络课程如火如荼地展开，课程的呈现形式、教学方法、教学工具，学习方法等都呈现出了新的形式。课程改革成为广大师生一项必须完成的任务，学校也给予了极大的支持，在网络安全保障的前提下，提供技术支持、平台使用培训，制作课件培训等。社会也提供了大量的支持，多款直播课堂免费使用。新冠肺炎疫情后，不论老师还是学生都已经接受和适应了线上教学，线上课程成为面授课程的有益补充，混合式教学成为主流。在国家评定的一流本科课程中，线上课程与线上线下混合式课程占比68%。信息技术与教育教学的深度融合，混合式教育教学方法的创新都是互联网背景下课程改革的发展趋势。

参考文献

［1］杨程．高校教师在线教学能力提升：历程、困境及展望．高等工程教育研究，2021（3）．

［2］Bao W. COVID – 19 and online teaching in higher education：A case study of Peking University. Human Behavior and Emerging Technologies，2020，2（2）：113 – 115.

［3］邬大光，李文．我国高校大规模线上教学的阶段性特征——基于对学生、教师、教务人员问卷调查的实证研究．华东师范大学学报（教育科学版），2020，38（7）．

［4］陈武元，曹荭蕾．"双一流"高校在线教学的实施现状与思考．教育科学，2020，36（2）．

［5］顾明远．教育大辞典（增订合编本）．上海教育出版社，1998：718.

［6］孙钰华．高校教师教学能力研究的回顾与反思．中国大学教学，2009（8）．

［7］葛文双，韩锡斌．数字时代教师教学能力的标准框架．现代远程教育研究，2017（1）．

［8］BROWN G. Effective Teaching in Higher Education. London：Taylor & Francis，2002：1 – 2.

［9］LEE S S. Teaching as Community Property：Essays on Higher Education. San Francisco：JOSSEY – BASS，2004.

［10］许迈进，章瑚纬．研究型大学教师应具备怎样的教学能力——基于扎根理论的质性研究探索．浙江大学学报（人文社会科学版），2014（2）．

［11］TIGELAAR D E H，DOLMANS D H J M，WOLFHAGEN I H A P，et al. The Development and validation of a framework for teaching competencies in higher education. Higher Education, 2004, 48（2）: 253 – 268.

[12] PRIETO, LORETO R. Initial factor analysis and crossvalidation of the Multicultural Teaching Competencies Inventory. Journal of Diversity in Higher Education, 2012, 5（1）: 50 – 62.

[13] 南国农. 信息化教育概论. 高等教育出版社, 2004: 17.

[14] 陈丽, 李芒, 陈青. 论网络时代教师新的能力结构. 电化教育研究, 2004（1）.

[15] 韩锡斌, 葛文双. 中国高校教师信息化教学能力调查研究. 中国高教研究, 2018（7）.

[16] Jang S J, Chang Y. Exploring the technological pedagogical and content knowledge（TPACK）of Taiwanese university physics instructors. Australasian Journal of Educational Technology, 2016, 32（1）: 107 – 122.

[17] 田宏杰, 龚奥. 智能教育时代高校教师教学能力体系研究. 苏州大学学报（教育科学版）, 2020（4）.

[18] 任亚方. 中小学学生学习能力培养的研究. 北京教育学院学报, 2012, 26（3）.

[19] 管珏琪, 祝智庭. 技术丰富环境下学习力构成要素: 一项探究设计研究. 中国电化教育, 2018（5）.

[20] 贺文洁, 李琼, 李小红. 中学生学习力: 结构、类型与影响因素研究. 教育学报, 2017, 13（4）.

[21] OECD. The Definition and Selection of Key Competences.（2005 – 05 – 27）[2021 – 07 – 25]. http: //www. oecd. org/dataoecd/47/61/35070367. pdf.

[22] Zimmerman, B. J. Attaining Self – Regulation: A Social Cognitive Perspective. Handbook of Self – Regulation. Burlington, MA: Elsevier Inc, 2000: 13 – 39.

[23] Pintrich P R. A conceptual framework for assessing motivation and self – regulated learning in college students. Educational Psychology Review, 2004,（4）: 385 – 407.

[24] Boekaerts, M.. Self – regulated learning at the junction of cognition and

motivation. Europe Psychology, 1996 (2): 100 – 112.

[25] 龚朝花，李倩，刘小会．微视频自主学习中的心智游移、学习行为与学习绩效研究．中国电化教育，2018 (5).

[26] 张生，陈丹，曹榕．中小学生自主学习能力对在线学习满意度的影响．中国特殊教育，2020 (6).

[27] 王思遥．在线课程教学的交互形式与学生学习投入表现的关系探究．华东师范大学学报（教育科学版），2021，39 (7).

[28] 教育部．在线教学对应对疫情保障教学的作用及影响．（2020 – 05 – 14）［2021 – 07 – 27］. http://www.moe.gov.cn/fbh/live/2020/51987/sf-cl/202005/t20200514_454123.html.

[29] 陈园园，马颖峰，陈晓燕．在校大学生网络自主学习能力及现状研究．电化教育研究，2009 (03): 48 – 52.

[30] 郑勤华，陈悦，陈丽．中国 MOOCs 学习者学习素养调查研究．开放教育研究，2016，22 (02): 38 – 45.

[31] 高燕．Learning 2.0 时代大学生学习能力研究［D］．江西师范大学，2010.

[32] 李高峰．IBSTPI 教师能力标准述评．教育探索，2013，(05): 18 – 19.

[33] 方向，盛群力．IBSTPI 国际教学设计能力新标准述要——教学设计师专业化发展的一种图景．远程教育杂志，2015，33 (03): 82 – 87.

[34] 马宁，陈庚，刘俊生，丁杰，余胜泉．《国家高校教师教育技术能力指南》的研究．远程教育杂志，2011，29 (06): 3 – 9.

[35] 吴青，罗儒国．基于在线学习行为的学习成绩预测及教学反思．现代教育技术，2017，(06): 18 – 24.

[36] 左秀娟．大学生在线学习行为与学习效果关系及促进策略研究［D］．山东师范大学，2019.

[37] 吴绍靖，易明．中小学教师网络学习行为对学习效果的影响．现代教育技术，2019，(09): 101 – 107.

[38] 董克，徐谷波，汤诗华．成人学习者在线学习行为与学习效果的关联研究．安徽广播电视大学学报，2020，(03): 50 – 54.

［39］沈欣忆，刘美辰，吴健伟，董现垒. MOOC 学习者在线学习行为和学习绩效评估模型研究. 中国远程教育，2020，（10）：1 – 8.

［40］陈圆圆，刘盛峰，董克，陈彦彦，宋阳. 基于数据挖掘的成人学习者在线学习行为与学习效果分析. 安徽广播电视大学学报，2019，（01）：38 – 42.

［41］中共中央、国务院印发《中国教育现代化 2035》http：// www. moe. gov. cn/jyb_xwfb/s6052/moe_838/201902/t20190223_370857. htm

［42］中共中央，国务院. 关于全面深化新时代教师队伍建设改革的意见（2018 – 01 – 31）［2021 – 03 – 11］. http：//www. gov. cn/xinwen/2018 – 01/ 31/content_5262659. htm.

［43］资历框架与终身学习的关系及其构建的必要性. 颜丽红，蒋玲玲，李玲. 当代教育理论与实践，2015：50 – 54.

［44］知识经济与香港地区经济转型. 谢国栋. 经济前沿. 2005.（09）：29 – 31.

［45］英国实施各级各类教育衔接和沟通的实践与教训. 张伟远，段承贵. 中国远程教育（综合版），2014.4.

［46］香港地区特别行政区教育局. 资历架构引言.（2014 – 09 – 27）. http：//www. hkqf. gov. hk/guig/HKQF_intro. asp.

［47］香港的职业资历构架. 李燕泥. 经济研究参考. 2009（52）：50 – 53.

［48］香港职业教育课程开发及启示. 吴秀杰. 成人教育. 2009.6：10 – 11.

［49］香港特别行政区教育局. 资历架构引言. 香港：教育局.（2014 – 09 – 27）. http：//www. hkqf. gov. hk/guig/HKQF_intro. asp.

［50］香港特别行政区教育局. 学术及职业资历评审条例. 香港：教育局.（2014 – 09 – 27）. http：//www. hkqf. gov. hk/media/doc_07. 05. 11_1. pdf.

［51］香港特别行政区教育局. 过往资历认可. 香港：教育局.（2014 – 09 – 27）. http：//www. hkqf. gov. hk/guig/RPL. asp.

［52］搭建终身学习的立交桥：HKU SPACE 的实践. 杨健明，沈雪明，郑钟幼龄，张伟远. 继续教育. 2010（10）：6 – 8.

［53］香港特别行政区（2014b）．新闻公报：教育局推出学分转移及积累政策．（2014－07－22）．http：//www.info.gov.hk/gia/general/201407/22/P201407210715_prin－20140722_Press Release_C.pdf.

［54］基于资历框架的终身教育体系：澳大利亚的模式．张伟远，傅璇卿．职教论坛．2014（13）：47－52.

［55］终身教育理念下的澳大利亚资格框架评析．潭佳．国外职业教育.2011（1）：42－44.

［56］建立教育公平的终身学习体系：南非的经验和教训．张伟远，傅璇卿．中国远程教育．2014（2）：16－23.

［57］教育资历框架的比较与思考．董秀华．上海市教育科学研究院．教育发展研究．2009（3）：52－55.

［58］香港地区特别行政区教育局．过往资历认可．（2014－09－27）．http：//www.hkqf.gov.hk/guig/RPL.asp.

附录 1 大学生网络学习能力问卷

亲爱的同学：

你好！首先感谢你花费宝贵的时间参加此次问卷调查。本问卷旨在了解大学生网络学习能力的现状。问卷采取不记名方式，回答没有对错之分，结果仅供研究之用，你不需要有任何顾虑，请根据真实情况作答。非常感谢你的合作与参与！

一、基本信息

1. 你的性别：（单选）

□男 □女

2. 你的年龄：（单选）

□20 岁及以下 □21 – 25 岁 □26 – 30 岁 □31 – 50 岁 □50 岁以上

3. 你就读的阶段：（单选）

□专科 □本科

4. 你就读的年级：（单选）

□大一 □大二 □大三 □大四 □其他

5. 你的学习类型：（单选）

□全日制 □非全日制

6. 你就读的学科领域：（单选）

□哲学   □经济学   □法学   □工学   □管理学

□教育学 □文学   □历史学 □理学   □农学

□医学   □军事学   □艺术学

7. 你目前以网络方式学习的课程门数（纯网络或混合式）：（单选）

□0 门 □1 门 □2 门 □3 门 □5 门及以上

二、学生网络学习能力问题

请阅读以下各项叙述，根据该叙述与您实际情况的符合程度选择答案。

	非常符合	比较符合	有些符合	不太符合	比较不符合	非常不符合
8. 我愿意通过网络方式学习						
9. 我认为网络学习是一种有效的学习方式						
10. 我能够利用网络主动学习新知识						
11. 我能够坚持完成网络学业任务						
12. 我有信心通过网络完成课程学习						
13. 我认为网络学习是一种未来趋势						
14. 我认为网络学习能力对自身发展具有重要意义						
15. 我具有借助网络进行终身学习的意识						
16. 我了解信息技术的基本知识						
17. 我掌握信息技术的基本操作						
18. 我掌握进行网络学习的基本技能						
19. 我会使用 Moodle 等在线学习平台						
20. 我能够根据学习需要，主动利用网络、资料库等搜索学习资源						
21. 面对浩繁的信息资源，我能够快速抽取相关和重要的资料						
22. 我能够辨别网上学习资源的质量优劣						
23. 我能够自觉抵御和消除垃圾信息及有害信息的干扰和侵蚀						
24. 我能够运用网络传播手段将自己的观点传递给他人						

	非常符合	比较符合	有些符合	不太符合	比较不符合	非常不符合
25. 我能够对搜索到的信息进行深加工，进行整理和分析						
26. 我能够挖掘、领悟所搜集资源的真正要义和价值						
27. 我能够根据课程要求，形成近期和较长远的学习目标						
28. 我能够将复杂的学习目标分解成具体的、简单的学习目标						
29. 我能够制定符合实际的网络学习计划						
30. 我能够严格执行学习计划，实现预期学习目标						
31. 当我发现计划和现实不协调时，能够调整网络学习计划						
32. 我能够对预定学习计划的执行情况、预期目标的实现情况进行检测						
33. 我能够对网络学习过程进行反思，并加以改进						
34. 我能够根据学习结果进行自我评价，并弥补自己的不足						
35. 我能够掌握好学习时间，安排好学习进度						
36. 我能够及时完成课程作业和任务						
37. 我能够灵活利用零碎时间学习						
38. 我能够平衡好学习和其它事务的时间						
39. 我能够选择和安排适当的网络学习地点和环境						

	非常 符合	比较 符合	有些 符合	不太 符合	比较 不符合	非常 不符合
40. 我能够排除环境的干扰，集中注意力进行网络学习						
41. 在学习中遇到困难时，我能够自我调节情绪，保持良好的学习心态						
42. 在学习中遇到困难时，我能够主动向同伴、老师或其他人寻求帮助						
43. 我能够选择符合自己特点的网络学习方法						
44. 网络学习时，我能够对学习内容进行深入、批判性的思考						
45. 网络学习时，我能够将学习内容与具体情境相联系						
46. 我能够通过微信、讨论区等工具与同学有效地交流						
47. 我能够通过微信、讨论区等工具与老师有效地交流						
48. 我能够与他人合作完成学习任务						
49. 我能够在合作中贡献自己的力量						
50. 我能够积极投入到交流和合作任务中						
51. 在交流和合作中，我能够清晰地向他人表达自己的观点						

附录2　高校教师网络教学素养问卷

尊敬的老师：

　　您好！首先感谢您花费宝贵的时间参加此次问卷调查。本问卷旨在了解当前教师网络教学素养的现状。问卷采取匿名方式，题目的回答没有对错之分，问卷数据仅供研究之用，请根据您的真实情况作答。非常感谢您的合作与参与！

一、基本信息

1. 您的性别：［单选题］*

□男　□女

2. 您的年龄：［单选题］*

□30 岁及以下　□31 – 50 岁　□51 – 50 岁　□51 – 60 岁　□60 岁以上

3. 您的教龄：［单选题］*

□5 年及以下　□6 – 10 年　□11 – 20 年　□20 年以上

4. 您当前的专业技术职务：［单选题］*

□教授或相当　□副教授或相当　□讲师或相当　□助教或相当
□其他＿＿＿＿＿＿＿＿＿＿＿＿

5. 最高学位：［单选题］*

□博士　□硕士　□学士　□其他＿＿＿＿＿＿＿＿＿＿＿＿

6. 所教授的学科领域：［单选题］*

□哲学　　□经济学　□法学　　□工学　□管理学
□教育学　□文学　　□历史学　□理学　□农学
□医学　　□军事学　□艺术学

7. 您曾经及当前以网络方式教授的课程门数（纯网络或混合式）：［单选

题］*

 □0 门 □1 门 □2 门 □3 门 □5 门及以上

二、教师网络教学素养（请阅读以下各项叙述，根据该叙述与您实际情况的符合程度选择答案）

8. 我认同网络教学的教学效果［单选题］*

 □非常符合 □比较符合 □有些符合 □不太符合 □比较不符合
□非常不符合

9. 我愿意开展网络教学［单选题］*

 □非常符合 □比较符合 □有些符合 □不太符合 □比较不符合
□非常不符合

10. 我觉得开展网络教学具有价值和意义［单选题］*

 □非常符合 □比较符合 □有些符合 □不太符合 □比较不符合
□非常不符合

11. 我觉得网络教学有益于自身专业发展［单选题］*

 □非常符合 □比较符合 □有些符合 □不太符合 □比较不符合
□非常不符合

12. 我认为网络教学是一种未来趋势［单选题］*

 □非常符合 □比较符合 □有些符合 □不太符合 □比较不符合
□非常不符合

13. 我具有尝试应用新观念、新技术促进网络教学的意识［单选题］*

 □非常符合 □比较符合 □有些符合 □不太符合 □比较不符合
□非常不符合

14. 我能够遵守与网络技术使用相关的法律、法规［单选题］*

 □非常符合 □比较符合 □有些符合 □不太符合 □比较不符合
□非常不符合

15. 我在网络教学中，能注重自身的言行，遵守职业道德规范［单选题］*

 □非常符合 □比较符合 □有些符合 □不太符合 □比较不符合
□非常不符合

16. 我能够对网络学习者的特征进行分析［单选题］*

□非常符合　□比较符合　□有些符合　□不太符合　□比较不符合
□非常不符合

17. 我能够结合学习者特征和学科特点，编写明确、具体的教学目标［单选题］*

□非常符合　□比较符合　□有些符合　□不太符合　□比较不符合
□非常不符合

18. 我能够对教学内容进行有效地选择［单选题］*

□非常符合　□比较符合　□有些符合　□不太符合　□比较不符合
□非常不符合

19. 我能够合理地组织教学内容［单选题］*

□非常符合　□比较符合　□有些符合　□不太符合　□比较不符合
□非常不符合

20. 我能够选择合适的网络教学方法和策略，设计有效的教学活动和流程
［单选题］*

□非常符合　□比较符合　□有些符合　□不太符合　□比较不符合
□非常不符合

21. 我能够在网络教学中，选用恰当的教学媒体和教学资源［单选题］*

□非常符合　□比较符合　□有些符合　□不太符合　□比较不符合
□非常不符合

22. 我能够根据教学计划，有效地实施网络教学活动［单选题］*

□非常符合　□比较符合　□有些符合　□不太符合　□比较不符合
□非常不符合

23. 我能够熟练应用网络教学平台和各种技术工具开展教学活动［单选
题］*

□非常符合　□比较符合　□有些符合　□不太符合　□比较不符合
□非常不符合

24. 我能够为学习者创设利于协作、交流、互动的以学习者为中心的学习
环境［单选题］*

□非常符合　□比较符合　□有些符合　□不太符合　□比较不符合
□非常不符合

25. 我能够为学习者学习提供必要的教学辅助、指导和支持［单选题］*

□非常符合　□比较符合　□有些符合　□不太符合　□比较不符合
□非常不符合

26. 我能够使用各种交流工具，及时解答学习者的疑惑，做出反馈［单选题］*

□非常符合　□比较符合　□有些符合　□不太符合　□比较不符合
□非常不符合

27. 我能够在网络教学中准确、清楚、连贯地表达教学内容［单选题］*

□非常符合　□比较符合　□有些符合　□不太符合　□比较不符合
□非常不符合

28. 我能够灵活运用文字、图片、视频、微课等媒体，有效呈现教学内容
［单选题］*

□非常符合　□比较符合　□有些符合　□不太符合　□比较不符合
□非常不符合

29. 我能够激发并维持学习者的学习动机和学习投入［单选题］*

□非常符合　□比较符合　□有些符合　□不太符合　□比较不符合
□非常不符合

30. 我能够有效地促进学习者对知识的吸收、巩固和迁移［单选题］*

□非常符合　□比较符合　□有些符合　□不太符合　□比较不符合
□非常不符合

31. 我能够维持正常教学秩序，促进学习者有效学习［单选题］*

□非常符合　□比较符合　□有些符合　□不太符合　□比较不符合
□非常不符合

32. 我能够对教学过程进行有效地监管，及时发现问题并有效地解决［单
选题］*

□非常符合　□比较符合　□有些符合　□不太符合　□比较不符合
□非常不符合

33. 我能够与教务管理、技术支持等人员就教学过程中出现的问题进行有效交流与沟通 [单选题] *

　　□非常符合　　□比较符合　　□有些符合　　□不太符合　　□比较不符合
□非常不符合

34. 我能够帮助学习者解决心理、学习时间等方面的学习困难 [单选题] *

　　□非常符合　　□比较符合　　□有些符合　　□不太符合　　□比较不符合
□非常不符合

35. 我能够设计合理的作业、考试、任务等，全面评价学习者的学习绩效 [单选题] *

　　□非常符合　　□比较符合　　□有些符合　　□不太符合　　□比较不符合
□非常不符合

36. 我能够借助技术手段收集数据，对教学过程进行评价 [单选题] *

　　□非常符合　　□比较符合　　□有些符合　　□不太符合　　□比较不符合
□非常不符合

37. 我能够对获取的评价数据进行合理地解释、说明 [单选题] *

　　□非常符合　　□比较符合　　□有些符合　　□不太符合　　□比较不符合
□非常不符合

38. 我能够根据教学评价结果对教学进行反思，分析教学中存在的问题 [单选题] *

　　□非常符合　　□比较符合　　□有些符合　　□不太符合　　□比较不符合
□非常不符合

39. 我能够及时调整和优化教学过程 [单选题] *

　　□非常符合　　□比较符合　　□有些符合　　□不太符合　　□比较不符合
□非常不符合

40. 在网络教学中，您认为还应具备哪些重要的能力？[填空题]

　　_____

附录3 北京开放大学简介

学校创建于 1960 年，原名北京广电视大学，是全国建立最早的电视大学。时任北京市副市长、著名历史学家吴晗是学校的首任校长。2012 年 7 月 31 日，经教育部批准，北京广播电视大学正式更名为北京开放大学，学校现任党委书记杨公鼎、校长褚宏启。

北京开放大学是由教育部批准成立、北京市政府举办的高等学校，拥有独立的自主办学权和学位授予权。学校坚持"学有所教，有教无类"的办学理念，采用灵活多样的教学手段，实行宽进严出的学习制度，通过教育与技术的深度融合，提供高质量的教育服务，满足首都社会成员多样化、个性化的继续教育和终身学习需求，促进首都学习型城市建设。

北京开放大学主要承担着远程开放教育和服务首都市民终身学习的重要任务；承担着北京市民终身学习远程服务中心和北京学习型城市网站的建设任务；承担着建设"学分银行"和搭建终身学习"立交桥"的历史使命。北京开放大学坚持面向行业和企业、面向农村和社区，采用灵活多样的办学方式，初步形成了本科、大专、中专等多层次学历教育办学格局。

学校以网络建设为基础，大力推进数字化校园建设。建立了覆盖全市的万兆宽带城域校园网，建成了基于网络的远程多媒体教学系统，完善了多点双向视频系统，形成了基于卫星电视网络、计算机网络和教学与管理网络的"天、地、人"三网结合的数字化校园教学系统。学校现有三个校区，形成了统筹规划、分级办学、分级管理、分工协作的远程开放教育系统。在全市 16 个区县和燕山地区、部分行业系统及中央在京单位设有五十余个基层教学单位，构成了覆盖全市、布局合理的远程开放教育系统。

附录4　河南安阳师范学院互联网＋应用技术学院

　　互联网＋应用技术学院于2016年10月22日揭牌成立，隶属于河南安阳师范学院。电子商务交易技术国家工程实验室、中清研信息技术研究院将提供校企合作过程中全场景解决方案，促进产教融合为职教集团的管理、决策提供准确的数据保障（见下表）。

　　学校遵循"进德修业，博学笃行"的校训精神，为国家培养德才兼备的优秀人才，需要有德才兼备的老师。因此，不论教师还是学生，都需要不断提高自己的道德修养和业务能力。

河南安阳师范学院互联网＋应用技术学院课程

学院	专业名称	学制	科类
河南安阳师范学院互联网＋应用技术学院	计算机应用技术（微商微店）	2	文科
		2	理科
	计算机应用技术（计算机跨境营销与策划）	2	文科
		2	理科
	计算机应用技术（网络信息安全）	2	文科
		2	理科
	计算机应用技术（UI设计）	2	文科
		2	理科

附录 5 贵州盛华职业学院

　　贵州盛华职业学院是华人商界领袖、中国台湾爱国企业家王雪红和陈文琦夫妇捐资创办的一所非营利性公益慈善大学。学校经贵州省人民政府批准成立、国家教育部备案的全日制普通高等职业院校，计划内统一招生，教育部颁发高职（专科）文凭。

　　学校地处贵州省惠水县百鸟河数字小镇，距贵阳市区和龙洞堡国际机场约40分钟车程。全校园免费无线网络 wifi 覆盖，设施设备齐全，常年有来自欧美等地区30余名志愿者外籍教师参与教学，是贵州省国际化、信息化程度最高的花园式高校。2015年2月获得贵州省唯一的"现代职业教育改革创新试点院校"，成为贵州省政府重点支持的职业学院。

　　学校目前在校生4062人，80.8%的学生来自贵州农村。学校始终坚持"公益兴学，教育扶贫"的办学宗旨，以"诚信、爱心、高尚"为校训。本着"授之以鱼不如授之以渔"的理念，以"创新职业教育、实现教育与产业扶贫"为目标，开设了20余个社会热门、市场紧缺型专业。同时注重学生实践能力的培养，实施了"校企深度合作"，分别与百度公司、万豪国际酒店管理集团（Marriot）、HTC公司、用友公司、梦动科技、课工厂、多彩贵州农业生态公司、北京唐人坊公司等企业合作，派出学生到企业实习并对实习合格的学生给予100%就业推荐。

贵州盛华职业学院院系情况

院系名称	专业列表
互联网营销学院	电子商务
	网络营销
	市场营销
	数字媒体应用技术
	大数据技术与应用
	计算机应用技术
	广告营销与策划
工商管理学院	财务管理
	会计
	酒店管理
	餐饮管理
虚拟现实产业发展学院	计算机应用技术（VR 内容制作）
	计算机信息管理
	计算机应用技术（虚拟现实技术开发）
	软件与信息服务
茶学院	茶树栽培与茶叶加工
	茶艺与茶叶营销
唐人坊非物质文化遗产传承学院	工艺美术品设计
盲人学院	康复治疗技术（仅招盲生）
	现代流行音乐（仅招盲生）